Konzeption und Redaktion: Elisabeth Lange

Fotos: Heino Banderob
Sven Raben

Gestaltung: Alessandra Santini
Frederique Faudot

Text: Wolfgang Mönninghoff
Inge Schiermann (Rezepte)
Elisabeth Lange

Rezepte: Rotraud Degner
Adelheid Dobner-Vossiniotis
Fernanda Lopes
Inge Schiermann

Herstellung: Hans-Werner Jung
Joachim Restemeier

Lithografie: Kruse Reproduktionen

Satz: Typografika, Bielefeld

Druck und Bindung: Mohndruck, Gütersloh

Verlag Zabert Sandmann
Patthorster Straße 127, 4803 Steinhagen
Telefon 0 52 04 / 33 83
Telefax 0 52 04 / 8 03 31

ISBN 3-924678-18-9

CIP-Titelaufnahme der Deutschen Bibliothek
HOL' DIR DIE SONNE AUF DEN TISCH

(Text von Wolfgang Mönninghoff, Fotos von Heino Banderob)
1. Auflage Steinhagen: Zabert Sandmann, 1990
ISBN 3-924678-18-9

Hol' Dir die Sonne auf den Tisch

mit Texten von Wolfgang Mönninghoff
und Fotos von
Heino Banderob und Sven Raben

ZABERT SANDMANN

Loup du pays

RUND UMS MITTELMEER

Märkte gehören zum Schönsten, was ein Urlaub am Mittelmeer bieten kann. Beim Flanieren wecken Obst, Gemüse, Kräuter, Fisch und Schalentiere die Begehrlichkeit. Man möchte körbeweise davon kaufen und am liebsten sofort in die Küche gehen.

DIE FRÜCHTE DES SÜDENS

EROBERUNGEN

DIE KÜCHEN DES SÜDENS

Im Katalog der Sehnsüchte steht bei uns Mittel- und Nordeuropäern die Welt des Mittelmeeres ganz oben

Ob man „das Land der Griechen mit der Seele sucht" oder „das Land wo die Zitronen blühen" bereiste und besang. Ob Dürer, Rubens oder van Gogh — die Maler schwärmten vom Süden und seinem Licht, das sie in ihren Bildern einfingen und über die Alpen nach Norden transportierten.
Im Gegensatz zu den frühen Hochkulturen Asiens, die sich hermetisch nach außen verschlossen, war das Mittelmeer immer eine Region des Austausches. Wie Jahresringe der Weltgeschichte sieht man prähistorische Siedlungen auf Sardinien und Mallorca, griechische Städte auf Sizilien, arabische Einflüsse in Spanien und türkische in Griechenland. Phönizier und Römer trugen durch ihre ungezügelte Reise- und Eroberungslust ihre zivilisatorischen Errungenschaften in alle Winkel der antiken Welt. Der mediterrane Raum ist der wahre Schmelztiegel der europäisch-vorderasiatischen Welt. Handelswege kreuzten und bündelten sich hier, sorgten für die Verbreitung von Weltanschauungen ebenso wie von wissenschaftlichen Erkenntnissen, von technischen Fertigkeiten wie von Bereicherungen des Speisezettels.
Und als dann einzelne Länder des Mittelmeerraumes sich daran machten, ganz neue Welten zu entdecken und zu erobern, als die spanischen und portugiesischen Kolonialreiche entstanden, wurde der Austausch weltweit.
Araber brachten Zitrusfrüchte aus Asien mit, Kaktus und Agave kamen aus Amerika, Eukalyptus aus Australien. Und der Wappenbaum der Toskana, die Zypresse, hat seine Heimat in Persien.
Tomaten kamen aus Peru, Mais aus Mexiko, den Reis brachten wieder die Araber mit. Die Kartoffel war ein Mitbringsel aus Amerika, während die Heimat der Auberginen Indien ist. Der Pfirsich ist chinesischen Ursprungs, und ob Marco Polo auch die Nudeln aus

China mitgebracht hat, oder ob er umgekehrt einige Pasta im Gepäck mit nach China brachte, darüber mögen die Gelehrten streiten.
Als Krieger und Händler, als Reisende oder Flüchtlinge — alle brachten etwas mit, was das ausmacht, was wir heute für „typisch mittelmeerisch" halten.
Drei Lebensmittel aber sind hier schon in frühgeschichtlicher Zeit heimisch gewesen, werden in den ältesten Zeugnissen des mediterranen Kulturkreises erwähnt: Getreide, Wein und Öl. Diese frühen Produkte bäuerlichen Wirkens bilden das Rückgrat der mittelmeerischen Küche, sind in allen regionalen Küchen in allen denkbaren Formen zu finden.
Wein war Kult- und Genußmittel, Getreide diente Mensch und Tier als Nahrung und Öl erhellte die Behausungen, diente der Körperpflege, hatte kultische Bedeutung und war unverzichtbarer Bestandteil des täglichen Speisezettels.
Dieser Dreiklang soll auch bestimmend sein für dieses Buch, das dem Leser die besten Rezepte des Südens nahebringen soll. Und da der Wein einem großen Teil der Mittelmeerbewohner untersagt ist, finden wir unsere natürlichen Grenzen in den Ländern der iberischen Halbinsel, dem Süden Frankreichs, in Italien und Griechenland.
Die Rezepte stammen zum größten Teil von Köchen, die in Deutschland Restaurants betreiben, die also ein Stück Süden nach Norden geholt haben. So wird es uns möglich, ohne Aufwand mittelmeerische Küche zu genießen, wenigstens auf Stunden südliche Atmosphäre zu schnuppern, sei es in Erinnerung an gehabte oder in Vorfreude auf kommende Genüsse.
Und den Gastarbeitern sei Dank, in deren Gefolge auch die Lebensmittel ihrer Heimat zu uns gekommen sind, so daß es auch in einem deutschen Haushalt keine Schwierigkeiten bereiten sollte, die Sonne auf den Tisch zu holen.

ÄLTER ALS DIE BIBEL:

DER ÖLBAUM

Bäume sind seit Urzeiten Gegenstand kultischer Verehrung. In manchen Kulturen sind sie Modell und Abbild des gesamten Weltgefüges — wie die Weltesche Yggdrasil bei den Germanen. Bäume geben Schatten und Brennstoff, Bauholz und Früchte. In ihnen wohnten Gottheiten und Naturgeister. Ein Baum aber hat — zumindest in unserem Kulturkreis — an Symbolkraft und vielfältigem Nutzen alle anderen in den Schatten gestellt, und das, obwohl er mit kaum 20 Metern Höhe nicht einmal zu den Giganten gehört — der Ölbaum. Mehr als 6000 Jahre lang begleitet er die Menschheitsgeschichte. Dabei ist er noch erheblich älter, denn Versteinerungen hat man aus der Zeit des Tertiär (älter als 1,5 Millionen Jahre) gefunden. Seine Frucht gehört, so der französische Historiker Braudel, zu den ältesten bekannten Lebensmitteln unserer Zivilisation neben Getreide und Wein.

Auch heute kann man Landarbeiter im Süden Europas bei einer Mahlzeit beobachten, die es — in guten Zeiten — schon bei Abraham und Moses gegeben haben mag: Brot, mit Olivenöl beträufelt, dazu ein Glas Wein. Gott führt Moses in ein „Land, darin Bäche, Brunnen und Seen sind, die an den Bergen und in den Auen fließen, ein Land, darin Weizen, Gerste, Weinstöcke, Feigenbäume und Granatäpfel wachsen, ein Land, darin es Ölbäume und Honig gibt" (5. Buch Moses, 8).

Ob in Vorderasien oder Ägypten, in Griechenland oder Nordafrika, sein Nutzen wurde schon früh erkannt. Ein gutsituierter griechischer Bürger der Antike verbrauchte etwa 55 Liter Olivenöl im Jahr: 30 Liter dienten der Körperpflege, 20 Liter der Nahrung, ein halber Liter wurde aus medizinischen Gründen eingenommen, und drei Liter erhellten die Räume. Eine Tradition, die sich bis in die Jetztzeit fortgesetzt hat. Auch heute hat Griechenland mit mehr als 20 Litern den höchsten Olivenölverbrauch Europas.

Über den Ölbaum und seine Früchte kann man viele Geschichten nachlesen. Zum Beispiel verdankt Athen seinen Namen der griechischen Göttin Pallas Athene, die in einem Wettstreit mit dem Meeresgott Poseidon den Sieg davontrug: Sie hatte den Bürgern der Stadt den Ölbaum gebracht, dessen Früchte nicht nur nahrhaft sind und der Körperpflege dienen — sie

Ölbäume, so sagte ein spanischer Bauer, seien besondere Bäume: Sie hätten Gesichter. Und jeden Baum in seinem Hain könne er erkennen und würde ihn mit Namen benennen. Zum Olivenbaum hat der Mensch in der Tat eine besondere Beziehung: Seit 6000 Jahren begleitet dieser Baum seine Geschichte.

UNTER ÖLBÄUMEN HAT SCHON JESUS GERUHT

Ölbäume werden sagenhaft alt. Noch heute, so wird behauptet, ständen im Garten Gethsemane Bäume, die dort schon zu Jesu Lebzeiten standen.

sollten den Menschen auch noch die nächtliche Dunkelheit vertreiben. Die dankbaren Bürger benannten die Stadt nach ihrer Wohltäterin, der Ölbaum genoß fortan kultische Verehrung. Und als der Perserkönig Xerxes die Akropolis zerstört hatte, wuchsen aus den Trümmern die Triebe des Ölbaums, Symbol für die Unsterblichkeit der Stadt.

Homer beschreibt sehr anschaulich das Schlafzimmer des Odysseus, um und unter einen Ölbaum gebaut: „Innerhalb des Geheges war ein weitumschattender Ölbaum stark und blühenden Wuchses; der Stamm glich Säulen an Stärke..." (XXIII. Gesang)

Überall finden wir Zeugnisse der Wichtigkeit und der symbolischen Bedeutung des Ölbaums; sei es der Ölzweig, den die Taube im Schnabel hielt, als die Arche Noah auf dem Ararat gelandet war, sei es der Ölzweig, der von Abgesandten überreicht wurde zum Beweis friedlicher Absichten. Könige wurden mit Öl gesalbt und auch die Opfergaben.

Archäologen fanden in einem Grab in Süditalien einen goldenen Totenkranz aus Olivenblättern aus dem 4. Jahrhundert vor Christus. Nicht nur in der Antike, auch heute noch gehört Öl zu den Ritualen in der katholischen Kirche. Der Sterbende wird mit einem Tropfen Öl seinem Schöpfer übergeben. Die Priester

Schon Goethe hat diese Erntemethode beschrieben: Wenn nicht von Hand gepflückt wird, werden die Früchte mit langen Stangen vom Baum geschlagen.

In Italien und Frankreich werden Kunststoffnetze unter den Bäumen gespannt, um die fallenden Früchte aufzufangen, damit sie am Boden nicht faulen.

werden bei der Weihe gesalbt und die Täuflinge, wenn sie in den Schoß der Kirche aufgenommen wurden.

Der Sage nach hat der griechische Held Herakles — unter anderem soll er die Olympischen Spiele begründet haben — einen Ölbaum in Olympia gepflanzt, indem er einfach einen Stab in den Boden steckte. Der Strecken trieb aus und wurde zu einem mächtigen Ölbaum, aus dessen Zweigen den Siegern ein Kranz geflochten wurde.

Aber auch die antiken Sportler gaben sich nicht mit einem Ölzweig zufrieden: Der Sieger im Wagenrennen mit drei Rössern erhielt 140 Amphoren mit Öl. Auch damals schon war der Amateurstatus nichts als ein frommes Gerücht. Das begehrte Öl war nämlich so etwas wie eine Währung, mindestens aber eine handfeste und begehrte Ware. Eine Ware, die zu Cäsars Zeiten drei Millionen Pfund Steuern in die Staatskasse brachte.

Die Handelsbeziehungen der Griechen reichten dank des Olivenöls quer durch das ganze damals bekannte Europa bis tief in die russische Steppe. Aber Phönizier und Griechen handelten nicht nur mit Öl — sie exportierten auch die Bäume in ihre neuen Besitzungen in Italien und Südfrankreich. Schließlich herrschte hier das gleiche Klima wie im östlichen Mittelmeer.

Archäologische Funde auf gesunkenen Schiffen geben ein ziemlich genaues Bild einer Schiffsladung Öl: Es wurde transportiert in Amphoren mit je 25 Litern Inhalt, und die Ladekapazität lag — je nach Größe der Schiffe — zwischen 3000 und 10000 Amphoren.

Seinen Siegeszug vollendete der segensreiche Baum, als er im Gefolge von Christoph Kolumbus auch die Neue Welt erreichte.

40 Kilogramm Oliven trägt ein Baum im Schnitt. Auf Plastikbahnen werden die Früchte gesammelt. Eine Riesenplackerei für höchstens fünf Liter Öl.

Archaische Früchte: fest und glänzend rutschen sie aus dem Sack. Unverändert seit Odysseus Zeiten sind die Methoden von Veredelung und Ernte, dient das Öl dem Menschen zur Nahrung und zur Körperpflege.

Für das Pflegen und Pflücken von Oliven braucht man noch die Hände. Etwa 2500 Oliven müssen vom Baum geholt werden, um einen Liter Öl zu gewinnen. Olivenernte rund ums Mittelmeer ist Saisonarbeit von November bis Januar.

DIESES FRÜCHTCHEN BRAUCHT VIEL HANDARBEIT

DIE OLIVE

Beinahe jede Pflanze liefert Fett in irgendeiner Form, nur lohnt es sich in den meisten Fällen nicht, das Fett für den menschlichen Verzehr nutzbar zu machen. Auch bei uns im Norden wächst eine Pflanze, aus deren Samen man Öl gewinnt — der Raps, dessen gelbes Blütenmeer besonders der Holsteinischen Schweiz im Frühling einen besonderen Reiz verleiht. Ölgewinnung so hoch im Norden ist aber eher eine Ausnahme, wenn man von der Sonnenblume absieht, denn im allgemeinen gilt, daß zur Fettbildung in der Pflanze extrem viel Sonnenschein nötig ist. Und so kommt es, daß die ölhaltigsten Pflanzen im sogenannten "Sonnengürtel" rings um den Äquator zwischen den Wendekreisen zu finden sind. Neben der Olive sind die wichtigsten Öllieferanten die Ölpalme, die Erdnuß und die Sojabohne.

Die ölproduzierenden Pflanzen haben dieser ganzen Klimazone ihren Namen gegeben — das sogenannte "Ölbaumklima".

Wer sich über die hohen Preise für gutes Olivenöl wundert, sollte einmal bei der Ernte zusehen oder gar mithelfen. Wie im Weinberg wird auch im Olivenhain beinahe ausschließlich mit der Hand gearbeitet. Nur in neu angelegten Pflanzungen kann man auch mit dem Traktor zwischen den Bäumen durchfahren. Und nur dort lassen sich Rüttelgeräte einsetzen, die die Oliven mechanisch von den Bäumen schütteln.

Etwa 2500 Oliven muß man pflücken, bevor eine der mehr als 1000 Ölmühlen rings ums Mittelmeer einen Liter Öl pressen kann. Und die Ergiebigkeit hängt davon ab, ob es im Jahr viel oder wenig geregnet hat, wie die Sonnenscheindauer war und wann die Ernte begonnen hat — denn geerntet wird zwischen November und Januar.

Viel Sonne bedeutet viel Öl, wenn es in der richtigen Jahreszeit — nämlich bis Mai — ausreichend geregnet hat. Das Fett in der Frucht dient eigentlich dazu, sie resistent gegen Hitze zu machen und so die Vermehrung der Pflanze zu sichern. Die Menschheit macht sich diese biologische List seit Jahrtausenden zunutze, um ihren Bedarf an pflanzlichem Fett zu stillen. Frost ist der schlimmste Feind des Ölbaums,

EIN LEBENSMITTEL – ODER EIN MITTEL ZUM LEBEN: OLIVENÖL VOM MITTELMEER

Ein langer Weg von der Frucht zum Öl: In der Ölmühle werden die Oliven gewaschen und sorgfältig von Blättern und Ästen befreit.

und so herrschte Katastrophenstimmung, als 1985 bei mehr als 20 Grad minus in der Toskana 18 von 22 Millionen Ölbäume eingingen. Ein Winter, der eine Landschaft nachhaltig verändert hat.
Früher hieß es: Der Großvater pflanzt den Ölbaum, der Vater pflegt ihn und der Enkel erntet. Neuere Methoden der Zucht haben die Zeiträume zwar geringfügig verändert, aber trotzdem trägt ein aus Samen gezogener Baum erst nach 10 Jahren erste Früchte. Stecklingsbäume tragen bereits nach fünf Jahren. Aber so richtig im Saft steht ein Baum erst nach 20 Jahren. Etwa 90 Prozent der Oliven werden zu Öl verarbeitet, der Rest als Tafeloliven verkauft.
„Die Ölbäume sind wunderliche Pflanzen; sie sehen fast aus wie Weiden, verlieren auch den Kern, und die Rinde klafft auseinander. Aber sie haben demohngeachtet ein festeres Ansehen. Man sieht auch dem Holze an, daß es langsam wächst und sich unsäglich fein organisiert. Das Blatt ist weidenartig, nur weniger Blätter am Zweige. Um Florenz, an den Bergen, ist alles mit Ölbäumen und Weinstöcken bepflanzet, dazwischen wird das Erdreich zu Körnern benutzt."
(Johann Wolfgang v. Goethe: Italienische Reise, 1786)
Da ist er wieder, der mediterrane Dreiklang: Öl, Wein und Getreide. Alle wichtigen Kulturpflanzen des Mittelmeerraumes auf einem Stück Boden versammelt. In Europa stehen etwa 500 Millionen Ölbäume, und drei Länder teilen sich sich 70 Prozent der Ernte: Italien und Spanien stellen jeweils um die 30 Prozent her, Griechenland den Rest. Die Provence und Portugal produzieren vorzugsweise für den heimischen Bedarf, während die anderen Länder einen mittlerweile lebhaften Export haben. So verbraucht die Hausfrau in der Bundesrepublik, gemessen am Verbrauch in den Mittelmeerländern, immer noch sehr wenig Olivenöl, aber immerhin hat sich die Menge zwischen 1980 und 1987 verdreifacht.
Außer der Lese mit der Hand gibt es noch andere Parallelen zum Wein: die Vielfalt der Sorten. So wie sich beim Wein der Riesling vom Gutedel unterscheidet, der Sauvignon vom Merlot und der Gewürztraminer vom Cabernet, so unterscheiden sich auch die Oliven voneinander. In Spanien gibt es allein 13 Sorten von Oliven zur Ölgewinnung, wozu noch vier Sor-

Schwere Graniträder zerquetschen die Früchte zu einem zähen Brei. Bei der ersten Pressung wird schon rund 75 Prozent des Öls gewonnen. Das Öl der ersten Pressung, das sogenannte „Native Olivenöl", ergibt ein duftend würziges Speiseöl.

Die Ölgewinnung ist eigentlich seit Jahrtausenden unverändert geblieben. Nur werden heute im Göpelwerk die schweren Granit-Mahlsteine nicht mehr von Eseln oder Ochsen bewegt, sondern von Elektromotoren.

ten kommen, aus denen man ausschließlich Tafeloliven macht. Der Ölgehalt der Früchte differiert zwischen 15 und 75 Prozent.
Noch etwas hat der Wein mit dem Öl gemein: die verschiedenen Geschmacksrichtungen. Auch das Olivenöl kann — je nach Sorte — sehr unterschiedlich schmecken. Und das Öl, das einem am ehesten zusagt, findet man sicher erst nach einigen Anläufen. Da wäre es gut, wenn Olivenöl in kleinen Probierflaschen angeboten würde. So geriete der Verbraucher hierzulande vielleicht schneller an die Sorte seiner Wahl.
In den Ländern, in denen Olivenöl angebaut wird, ist die Auswahl erheblich leichter. So wie jede Familie „ihren" Weinbauern hat, so hat sie gewöhnlich auch eine unfehlbare Adresse fürs Öl, und häufig sind Wein- und Ölbauer identisch. Das Öl ist Gesprächsstoff in Trattoria und Kafeneion. So wie sonst nur der Wein, wird auch das Öl intensiv und kenntnisreich verkostet. Und dann wird entschieden, welches Öl in welcher Qualität auf den Markt kommt.
„Man fängt nun an, die Oliven abzulesen. Sie tun es hier mit den Händen, an anderen Orten schlagen sie mit Stöcken drein. Kommt ein frühzeitiger Winter, so bleiben die übrigen bis gegen das Frühjahr hängen. Heute habe ich auf sehr steinigem Boden die größten ältesten Bäume gesehen." (Johann Wolfgang von Goethe: Italienische Reise, 1786)
Die Ernte ist wegen ihres hohen Anteils an Handarbeit der aufwendigste und kostenintensivste Teil des Olivenanbaus. Tafeloliven werden einzeln gepflückt und in Körben abtransportiert, sie sollen auf keinen Fall Druckstellen bekommen, die sie später unansehnlich machen. Für die grünen wird vor der Reife geerntet, die schwarzen sind ausgereift. Bis man grüne Oliven essen kann, ist allerdings noch einiger Aufwand nötig: Sodalösung entzieht den Früchten die Bitterstoffe. Dann werden sie zweimal gewaschen und anschließend in Salzwasser zur Gärung gebracht. Bis sie weich und genießbar sind, liegen sie einige Monate in der Salzlake. Sie kommen dann entweder ganz oder entkernt und mit Mandeln oder Paprika gefüllt in den Handel.
Das sagenhafte Alter der Ölbäume hat wesentlich auch zu ihrer mythischen Überhöhung beigetragen. So glaubt man, daß sich heute noch Bäume im Garten Gethsemane in Jerusalem finden lassen, die dort schon zur Zeit Jesu gestanden haben. Und Gethsemane heißt im Aramäischen soviel wie „Ölmühle". Normalerweise aber wird ein Ölbaum gefällt, wenn er nicht mehr recht trägt, und auf seine Wurzeln werden neue Reiser aufgepfropft. So mag es durchaus sein, daß ein zwanzigjähriger Baum auf mehrhundertjährigen Wurzeln sitzt.

Der Olivenbrei wird auf Matten aufgebracht und behutsam gepreßt. Die Temperatur beim Pressen darf — und das ist wichtig — die menschliche Körpertemperatur nicht übersteigen. „Kaltgepreßt" heißt das so gewonnene Öl.

Die Emulsion aus Öl und Wasser wird in einer Zentrifuge getrennt. Das Öl hat durch die sorgsame Verarbeitung nur wenig vom Eigengeschmack der Oliven verloren und die kostbaren Inhaltsstoffe behalten.

Eine Flasche Olivenöl: Produkt tausendjähriger Kultur, Wissen um die Pflege des Baumes und die sorgsame Gewinnung des Öles. Wie beim Wein unterscheiden sich die Jahrgänge — je nach Sonnenlage sind manche Öle fruchtiger oder frischer im Geschmack.

ÖLSORTEN UND QUALITÄTEN:

DIE RICHTIGE WAHL

Was nach dem Zentrifugieren naturbelassen in die Flasche rinnt, ist Olivenöl der Qualität Nativ Extra. Auf diese neue Bezeichnung haben sich die ölexportierenden Länder innerhalb der EG verständigt. Der Vorteil für den Verbraucher: Er muß sich nicht mehr in fünf Sprachen und unterschiedlichen Bezeichnungen zurechtfinden. Ein Öl darf die Bezeichnung „Nativ Extra" nur tragen, wenn es einen einwandfreien Geschmack hat, und sein Anteil an den sogenannten freien Fettsäuren 1 Prozent nicht übersteigt. Was der Verbraucher nur schmeckt, muß der Chemiker in der Analyse feststellen können. Daher nimmt er die freien Fettsäuren als unbestechlichen Indikator. Diese höchste Qualitätsstufe entspricht den bisherigen Bezeichnungen „kalt gepreßt" oder „extra vergine" z. B. in Italien.

Hat das Öl einen Gehalt an freien Fettsäuren von bis zu 2 Prozent, dann nennt man es nur nativ. Olivenöl ist ein Naturprodukt, dessen Güte genau wie beim Wein vom Boden, der Sonnenscheindauer und der Regenmenge abhängt. So bedeuten heiße, trockene Sommer einen erhöhten Anteil an unerwünschten freien Fettsäuren und damit eine Verminderung der Qualität. Sollte also einmal eine Ernte nicht den hohen Ansprüchen entsprechen, wird das Öl raffiniert, also chemisch und physikalisch gereinigt. Bei diesem Verfahren verliert es zwar an Farbe und Aroma, aber nichts von seinen übrigen Eigenschaften.

Ein Öl mit der simplen Bezeichnung Olivenöl erhält man, wenn man das wenig aromatische raffinierte Öl mit einem geschmacklich intensiven (nativen) Öl versetzt. Dieses Öl darf höchstens 1,5 Prozent freie Fettsäuren enthalten. Es ist ideal für alle, die gerade den intensiven Olivengeschmack nicht mögen — oder für Gerichte, bei denen andere Geschmacksnoten nicht überdeckt werden sollen.

Noch weiter ausgepreßte Früchte ergeben Oliven-Tresteröl, dem nach dem Raffinieren zur Verbesserung des Geschmacks natives Öl zugesetzt wird. Auch dieses Öl darf nicht mehr als 1,5 Prozent freie Fettsäuren enthalten und ist preiswerter.

Wärme und südlicher Sonnenschein bestimmen den Ölgehalt der Oliven. Neben Vitaminen und Fettgehalt macht die leichte Verdaulichkeit und seine Qualität als Aromaträger das Olivenöl zu einer wichtigen Zutat in der Küche. Die Farbe — von dunkelgrün bis hell-goldgelb — verrät nicht viel über die kulinarischen Qualitäten des Olivenöls. Es gibt dunkelgrüne, naturtrübe Öle, die nur wenig Geschmack haben, und blasse, gelbe mit einem kräftigen Aroma. Beim Olivenöl ist es wie beim Wein: Man muß kosten und sich dann entscheiden.

ÖL IST WIE LIEBE FÜR DAS HERZ

FETT ALS MEDIZIN

Ein Weg zur Gesundheit: Viel Salate und Gemüsegerichte essen. Zubereitet mit Olivenöl, so wie es die Menschen im Mittelmeerraum tun. Wer dann noch ab und zu auf die große Fleischportion verzichtet und dafür mehr Fisch ißt, hat die angenehmste Methode gefunden, seinen Körper vor Zivilisationskrankheiten zu schützen.

Herz- und Kreislauferkrankungen stehen in vielen Industrienationen heute als Todesursache an der Spitze. Die Wissenschaftler sind sich einig: Wir essen zuviel, insbesondere zuviel Fett. Doch bei einer Analyse (Sieben-Länder-Studie) kamen die Fachleute zu verblüffenden Ergebnissen, die so ganz und gar nicht in die herrschende Lehrmeinung paßten, daß zuviel Fett automatisch krankmacht: Kreter und Finnen verbrauchen ungefähr gleichviel Fett pro Kopf. Die Finnen in Form von tierischen Fetten aus Milch und Fleisch, die Kreter als Olivenöl.
In Finnland sind in mehr als 50 Prozent der Todesfälle Herz- und Gefäßerkrankungen die Ursache. Auf Kreta sterben an diesen Krankheiten dagegen nur 5 Prozent. Dieses Ergebnis ließ vermuten: Nicht die Menge an Fett macht krank — es muß die Fettart sein, die dem Körper der Finnen so schadet und den Kretern zu guter Gesundheit verhalf.
Eine weitere — bis dahin gesicherte — These war, daß nur die mehrfach ungesättigten Fettsäuren in Pflanzenölen den Cholesterinspiegel senken und damit den Körper vor Krankheit schützen können. Doch bei Olivenöl: Fehlanzeige. Es liefert eher wenig von diesen erwünschten Substanzen. Da mußten also andere Bestandteile enthalten sein, die den Bewohnern der Insel Kreta die Gefäße geschmeidig hielten. Forschungen ergaben: Die einfach ungesättigte Ölsäure ist es, die das Cholesterin günstig beeinflusst. Olivenöl enthält bis zu 80 Prozent davon.
Nun ist bei der Ernährung selten ein einziger Faktor für die Gesundheit wichtig. Die Küche der Mittelmeerländer entspricht jedoch insgesamt allen Idealvorstellungen der Ernährungsforscher. Die Menschen dort essen weniger Fleisch und Sahne als wir Nordeuropäer. Dafür aber viel Fisch, Salat und mehr als doppelt soviel Gemüse. Auch im Fisch sind Stoffe (Omega-3-Fettsäuren) enthalten, die sich günstig auf den Cholesterinspiegel auswirken. Ballaststoffe im Gemüse binden ebenfalls einen Teil des Cholesterins. Und nicht zuletzt spielt wohl auch die streßärmere Lebensweise eine Rolle, wenn es um Herz und Kreislauf geht. Wer sich die Küche der Mittelmeerländer zum Vorbild nimmt, hat den Genuß gewählt: Kulinarische Highlights, genial einfache Rezepte, Gesundheit und Lebenslust inbegriffen.

Wer die kostbaren Inhaltsstoffe und das Aroma schützen möchte, füllt Olivenöl in eine dunkle Flasche um. Oder kauft es gleich in der Dose. Auch wenn eine Glasflasche im Küchenregal noch so dekorativ ist: Unter Lichteinwirkung kann das Öl oxidieren — ranzig werden.

Die Bindungen der Provence an den Kulturraum Mittelmeer sind stärker als die an das französische Mutterland. Auch die provenzalische Küche hat nur sehr wenig mit dem übrigen Frankreich zu tun. Ihre Wurzeln verweisen auf Griechenland, die die Urform der "Bouillabaisse" beigesteuert hat, auf Italien, wo das "Pistou" "Pesto" heißt und nach Spanien, wo es auch so etwas wie "Aioli" gibt.

SÜDLICHES AUS DEM LAND DER GENIESSER

FRANKREICH

Eine Landschaft, die man riechen kann: Lavendel und Rosen aus den Feldern um Grasse, der Weihrauch bei den Zigeunern in Les Saintes Maries, aus den Küchen die „Herbes de Provence" und über allem ein Hauch von Knoblauch. Hier hat sich die Küche der griechischen Gründer von Marseille mit der einheimischen und den Küchen der nachfolgenden Eroberer zu einer deftig-duftigen Mischung gefunden.

Die Ureinwohner waren Iberer und Liguren gewesen, denen keltische Eroberer folgten. Und da zur Besetzung immer auch schon das Fraternisieren gehörte, kam auch menschlich eine sehr eigene und muntere Mischung zu Tage.

Es folgten den Griechen — wie überall am Mittelmeer — die Römer, die dem Land den Namen gaben: „Provincia Gallia Narbonensis". Die Griechen hatten den Wein und das Olivenöl mitgebracht, die Päpste in Avignon ihre italienischen Köche. Nur die Franzosen, nach den Ketzerkriegen im 13. Jahrhundert als feindliche Besetzer betrachtet, konnten sich mit ihrer Küche nicht durchsetzen. Und der Sprachenstreit um das Okzitanische, eine Sprache, die dem Lateinischen näher ist als dem Französischen, belegt, daß sich die Einstellung gegenüber Paris nicht wesentlich geändert hat.

Aufgeschlossener zeigten sich die Provencalen dagegen den Einflüssen des Orients: Sie übernahmen Rosenwasser, Pistazien und Mandeln; Auberginen bereicherten das Gemüseangebot, und Safran — unentbehrlich für die Bouillabaisse — kam zur Palette der Gewürze hinzu. Auch die Feigen kommen aus dem Orient — wie die durstlöschenden Melonen.

Die Mischung findet ihre Entsprechung auch in der Landschaft: gebirgig am von Petrarca besungenen Mont Ventoux, üppig und fruchtbar in den Tälern von Rhône und Durance und im Luberon, karg und

versteppt in der Camargue. Und so gibt es auch verschiedene Küchen in der Provence, im Binnenland anderes als an der Küste.

Die eine gibt sich bäuerlich-deftig, mit herzhaften Eintöpfen, viel Gemüse und würzigem Lammfleisch, geschmacklich abgerundet durch das intensive Aroma des Olivenöls. Und natürlich Knoblauch, der neben den duftenden Kräutern, die in der Macchia noch wild wachsen, nirgends fehlen darf.

Geschmort ergibt Gemüse so köstliche Gerichte wie die „Ratatouille", von der wir hier eine moderne, leichtere Variante vorstellen. Aber auch roh wird es gern verzehrt, sei es mit einem würzigen „Aioli" oder zusammengestellt zu einer „Salade Nicoise".

Wieder über die Landesgrenzen hinaus weist das „Pistou", das unserer Gemüsesuppe den richtigen Pfiff verleiht. Eine Würzpaste aus Basilikum, Olivenöl, Knoblauch und Käse, eng verwandt dem ligurischen „Pesto".

Wie sonst überall am Mittelmeer wird auch in der Provence viel Gemüse gegessen. Ob Auberginen, Zucchini oder Paprika — die Vielfalt der Kombinationen ist nahezu endlos. Gemeinsamer Nenner all dieser Gerichte ist die Tomate. Sie verbindet die Küchen Griechenlands und Italiens mit denen der Provence und der iberischen Halbinsel.

Die Küche der Küste hat naturgemäß viel mit Fisch zu tun. Ein Klassiker ist die berühmte „Bouillabaisse". So richtig gelingt sie allerdings nur mit mindestens acht Sorten superfrischem Mittelmeerfisch. Man sollte hierzulande lieber die Finger davon lassen und sich dafür an den anderen hier vorgestellten Fischrezepten versuchen.

Und wenn Sie jetzt beim Lesen Lust auf provenzalische Küche bekommen haben, blättern Sie weiter — da zeigt sie sich von ihrer besten Seite.

Provenzalische Küche, das bedeutet vor allem Duft: Lavendel und Rosmarin, Thymian und Majoran und ganz besonders — heiß geliebt und viel gescholten — der Knoblauch. Schafe und Ziegen sind nicht nur wegen ihres Fleisches begehrt — sie liefern auch die Milch für vorzüglichen Käse.

CHÈVRE À L'HUILE

Ziegenkäse in Olivenöl

Für 8 Portionen

1 Rolle junger Ziegenkäse (500 g)
je 3 – 4 Zweiglein Thymian, Rosmarin und Bohnenkraut
8 – 10 schwarze Pfefferkörner
etwa 1/4 l natives Olivenöl extra

1. Den Käse in etwa 3 cm dicke Scheiben schneiden. Abwechselnd mit den Kräutern und dem Pfeffer in ein Glasgefäß mit Deckel schichten und mit Olivenöl bedecken.

2. Verschließen und vor dem Gebrauch eine Woche kühl stehen lassen.

Den würzigen Kräuterkäse mit einem Stück Baguette als Dessert servieren. Oder als Imbiß mit einem Salat.

◆ Übrigens: Der Käse in Öl hält sich 6 bis 8 Wochen, wenn man ihn kühl aufbewahrt und immer mit frischgewaschenem Besteck aus dem Glas nimmt.

KÄSE

Besonders in Frankreich entwickelte sich die Kunst der Käsemacher weiter als anderswo. Was Charles de Gaulle zu der resignierten Bemerkung veranlaßte, ein Volk, das mehr als 300 Käsesorten esse, sei eigentlich unregierbar.

Und wirklich ist es oft nicht leicht, die Auswahl für eine Käseplatte zu treffen. Am besten, Sie bieten von allem etwas: Ein Stück Hartkäse, eventuell aus Rohmilch, und eine Portion Blauschimmelkäse, wie Roquefort oder Bleu de Bresse. Beim Weichkäse stehen Brie und Camembert mit weißem Schimmel zur Wahl und die pikanten Rotschmieresorten, wie Pont l'eveque oder Livarot. Die Menge hängt jeweils vom Menü ab. Nach einem leichten Essen darf die Käseplatte ruhig üppig ausfallen.

HARICOTS VERTS AU CITRON

Bohnen mit Zitronensauce

Für 4 Portionen

750 g zarte grüne Bohnen; eventuell Prinzeß- oder Keniabohnen
Salz
1 unbehandelte Zitrone
Pfeffer aus der Mühle
6 EL natives Olivenöl extra
1 Lauchzwiebel
1 Bund glatte Petersilie

1. Die Bohnen putzen und waschen. In etwa 1 Liter kochendes Salzwasser geben und etwa 10 Minuten kochen — sie sollten noch „Biß" haben. Anschließend sofort in Eiswasser abschrecken. So bleibt die frische grüne Farbe erhalten. Abtropfen lassen. In eine Schüssel geben.

2. Die Zitrone unter heißem Wasser abwaschen, hauchdünn abschälen und die Schale in sehr feine Streifen (Julienne) schneiden. 2 Minuten in etwas kochendem Wasser blanchieren, abschrecken.

3. Von der geschälten Zitrone 2 Scheiben abschneiden, vom Rest den Saft auspressen. Mit Salz, Pfeffer, Julienne aus Zitronenschale und Olivenöl verrühren. Die Lauchzwiebel feinschneiden, die Petersilienblätter feinhacken.

4. Die Sauce, Petersilie und Zwiebel unter die Bohnen mischen. Mit den Zitronenscheiben auf einem Teller anrichten.

◆ Grüne Bohnen sollten mindestens acht Minuten gekocht werden, denn sie enthalten einen schädlichen Stoff, der erst durch das Garen zerfällt.

AUBERGINES FARCIES NIÇOISE

Gefüllte Auberginen — Nizzaer Art

Für 4 Portionen

4 mittelgroße Auberginen
Salz
1 Zwiebel
1 Knoblauchzehe
10 EL natives Olivenöl
150 g Beefsteakhack
Pfeffer aus der Mühle
etwas Safran
4 gewässerte Sardellen
2 EL entkernte schwarze Oliven
1 Bund Basilikum
4 EL Paniermehl
4 EL geriebener Parmesankäse

1. Die gewaschenen Auberginen der Länge nach halbieren. Mit einem Löffel das Innere herausschälen, dabei einen fingerdicken Rand stehen lassen. Die Auberginenhälften mit Salz bestreuen und „schwitzen" lassen.

2. Die Hälfte des Fruchtfleisches fein hacken. Die Zwiebel und die Knoblauchzehe fein hacken.

3. In einer Pfanne 3 Eßlöffel Olivenöl erhitzen, Zwiebel und Knoblauch darin glasig dünsten. Das Beefsteakhack zerpflückt in das Öl geben. Das gehackte Auberginenmark dazugeben, mit dem Fleisch vermischen und unter Wenden durchbraten, bis alles gebräunt ist. Kräftig mit den Gewürzen, den feingehackten Sardellen und den gehackten Oliven abschmecken. Zum Schluß die feingeschnittenen Basilikumblätter zur Füllung geben.

4. Die Auberginenhälften abspülen, trockentupfen und füllen. Mit Paniermehl und Käse bestreuen, restliches Olivenöl darüberträufeln.

5. Eine feuerfeste Form ölen. Die gefüllten Auberginenhälften hineinsetzen. Im auf 200 Grad/Stufe 3 vorgeheizten Backofen etwa 50 Minuten garbacken.

TAPENADE

Würzpaste aus schwarzen Oliven

Für 4 Portionen

5 Anchovisfilets
150 g schwarze Oliven
3 Knoblauchzehen
35 g kleine Kapern (abgetropft)
5 EL natives Olivenöl extra

1. Anchovisfilets 1 Stunde wässern, um den Salzgehalt zu vermindern. Oliven entsteinen. Knoblauch abziehen.

2. Alle Zutaten (außer Öl) im Mörser fein zerstampfen oder im Mixer kurz durchpürieren. Zuletzt das Olivenöl unter die entstandene Paste rühren.

3. Die fertige Tapenade zum Aufbewahren in ein kleines Töpfchen füllen, mit Öl bedecken und kaltstellen.

◆ Die pechschwarze, intensive Würzpaste ißt man in kleinen Mengen zu gegrilltem Fleisch oder Fisch. Sie schmeckt aber auch als Dip zu rohem Gemüse und gekochten Eiern. Oder einfach auf geröstetem Weißbrot zum Aperitif. Tapenade wird übrigens in kleinen Gläsern in Delikatessenläden auch fertig angeboten. Je nach Hersteller ist die Würzpaste recht unterschiedlich im Geschmack. Ganz gleich ob selbstgemacht oder gekauft, die Paste hält sich wegen des hohen Salz- und Ölgehalts Wochen und Monate frisch. Um Schimmel zu vermeiden, die Oberfläche immer mit frischem Öl bedecken.

Er steht in aller Welt auf den Speisekarten: der Nizzasalat. Doch oft genug hat er wenig Ähnlichkeit mit dem berühmten Original. Natürlich gibt es einen Expertenstreit über das ursprüngliche und richtige Rezept. Typisch ist jedenfalls die Kombination von grünen Bohnen, Tomatenstücken, Sardellenfilets und hartgekochten Eiern.

SALADE NIÇOISE

Nizzasalat

Für 4 Portionen

5 mittelgroße Tomaten
Salz
150 g frische grüne Bohnen
1 grüne Paprikaschote
3 frische kleine Zwiebeln (oder Lauchzwiebeln)
2 hartgekochte Eier
8 Sardellenfilets (Glas)
1 Knoblauchzehe
50 g kleine schwarze Oliven
5 Basilikumblätter
Pfeffer aus der Mühle
4 EL natives Olivenöl extra

1. Die Tomaten überbrühen, abziehen, vierteln und entkernen. Die Tomatenviertel salzen, auf einen schräggestellten Teller legen, damit die Flüssigkeit abfließen kann; sie würde den Salat später wäßrig machen.

2. Die Bohnen waschen, putzen, in kochendes Salzwasser geben und 7 Minuten kochen. In Eiswasser abschrecken. Danach in stricknadeldünne Streifen schneiden. Die Paprikaschoten mit einem Sparschäler schälen und in hauchdünne Streifen schneiden. Die Zwiebeln in feine Ringe schneiden.

3. Die Eier pellen und vierteln. Sardellen abspülen. Einen großen flachen Teller mit der durchgeschnittenen Knoblauchzehe ausreiben. Alle Zutaten — bis auf die Tomaten — darauf geben.

4. Die Tomaten nochmals leicht salzen und mit den ganzen Oliven über den Salat verteilen. Die Basilikumblätter fein zerzupfen und mit Salz, Pfeffer und dem Olivenöl in einer Schüssel verrühren. Über den Salat träufeln.

Ein Rezept von Jochen Kuchenbecker

◆ Viele Salate werden unter dem Namen „Salade niçoise" angeboten. Die meisten sind schlechte Fälschungen — selbst in Nizza erlebt man Salat-Enttäuschungen. Dieses Rezept entspricht dem Original.

RATATOUILLE

Geschmortes Gemüse

Für 4 Portionen

300 g Tomaten
je 1 kleine rote und grüne Paprikaschote
250 g kleine feste Zucchini
250 g Auberginen
1 Gemüsezwiebel
2–3 Knoblauchzehen
4 EL Olivenöl
Salz, Pfeffer aus der Mühle
1/2 TL Thymian
2 EL natives Olivenöl extra

1. Die Tomaten überbrühen, abziehen, entkernen und das Fruchtfleisch klein würfeln, dabei den Saft auffangen. Die Paprikaschoten mit einem Sparschäler dünn schälen; ebenfalls in kleine Würfel schneiden. Die Zucchini und Auberginen genauso klein würfeln. Die Zwiebel und Knoblauchzehen abziehen; Zwiebel fein würfeln.

2. Das Olivenöl in einer tiefen Pfanne erhitzen und die Zwiebelwürfel darin bei mittlerer Temperatur glasig dünsten. Nach etwa 3 Minuten die Tomaten mit der aufgefangenen Flüssigkeit dazugeben und mitdünsten. Nach weiteren 2 Minuten mit Paprika, Pfeffer und Salz würzen.

In dieser modernen Version der Ratatouille sind die Garzeiten kürzer und das Gemüse hat noch Biß. Ein Trick, der Ihnen das etwas mühsame Abziehen der harten Paprikahaut erspart: Die Schoten werden einfach mit einem Sparschäler geschält.

3. Zum Schluß Auberginen- und Zucchiniwürfel darunterrühren. Mit durchgepreßtem Knoblauch und Thymian würzen, nochmal leicht salzen und pfeffern. Alles zusammen weitere 10 Minuten schmoren. Wer das Gemüse lieber etwas weicher möchte, gart 5 Minuten länger. Das Öl untermischen.

Ein Rezept von Michel Georges

◆ Es lohnt sich, eine größere Menge der typisch provenzalischen Ratatouille zuzubereiten, weil sich dieses Gemüsegericht einige Tage im Kühlschrank hält. Es schmeckt als Beilage zu kurzgebratenem Fleisch wie Lammkotelett oder als Vorspeise, kalt oder warm.

Pistou, die duftende Paste aus Öl, Knoblauch, Basilikum, und Parmesankäse wird im Mörser zubereitet. Die Salzkörner helfen, ganz ähnlich wie Sandpapier, beim Zerstoßen der Kräutermischung.

SOUPE AU PISTOU

Gemüsesuppe mit Kräuterpaste

Für 6 Portionen

250 g grüne Bohnen
125 g Möhren
250 g Zucchini
1 Stange Porree
250 g gelber Kürbis (evtl. aus dem Glas)
500 g Kartoffeln
4 Tomaten
5 EL natives Olivenöl, Salz
500 g frische weiße Bohnenkerne
100 g Fadennudeln
Pistou:
2 Knoblauchzehen
1/2 TL grobes Salz
50 g Basilikum
50 g Parmesankäse
etwa 1/8 l natives Olivenöl extra
Pfeffer aus der Mühle

1. Das Gemüse waschen und putzen. Die Bohnen in 1/2 cm dicke Stücke, die Möhren und Zucchini in ebensodicke Scheiben schneiden. Den Porree in dünne Ringe, den Kürbis in fingerdicke Würfel schneiden. Die Kartoffeln schälen, waschen und in ähnlich große Würfel schneiden.

2. Die Tomaten überbrühen und grob zerschneiden.

3. Das Olivenöl in einem großen Topf erhitzen. Das Gemüse hineingeben und etwa 10 Minuten andünsten; dabei ständig rühren und etwas salzen, damit das Gemüse Saft zieht. Das Gemüse soll keine Farbe annehmen.

4. Die Bohnenkerne dazugeben und soviel Wasser angießen, daß das Gemüse gut bedeckt ist. Zum Kochen bringen.

5. Nach 30 Minuten die Nudeln einrühren und die Suppe 10 Minuten weiterköcheln.

6. Während die Suppe kocht, kann das Pistou zubereitet werden. Traditionell macht man das in Frankreich im Mörser; es geht jedoch auch im Mixer. Knoblauch, grobes Salz, kleingezupfte Basilikumblätter, Parmesanstückchen und Öl auf stärkster Stufe zu einem groben Püree verarbeiten.

7. Die fertige Suppe mit Salz und etwas Pfeffer abschmecken. Suppe auf die Teller füllen und etwas Pistou dazugeben.

Ein Rezept von Paul Urchs

◆ Pistou, diese würzige Mischung aus Basilikum, Käse und Knoblauch ist eng mit dem italienischen Pesto verwandt. Der einzige Unterschied: Die Italiener nehmen zusätzlich Pinienkerne.

TIAN DES POMMES DE TERRE PROVENÇAL

Kartoffel-Auflauf mit Anchovis

Für 6 Portionen

750 g Tomaten, am besten eine vollreife, aromatische Sorte
2 Gemüsezwiebeln
2 Knoblauchzehen
6 Anchovis (Sardellenfilets)
1 Prise Basilikum
1 Prise Thymian
6 EL natives Olivenöl
1 kg Kartoffeln (festkochende Sorte), Salz

1. Die Tomaten überbrühen, abziehen, entkernen und hacken. Die Zwiebeln und Knoblauchzehen abziehen, Zwiebeln in feine Streifen schneiden.

2. Aus Anchovis, durchgepreßtem Knoblauch, Basilikum, Thymian und 2 Eßlöffel Olivenöl eine Paste zubereiten.

3. Die Kartoffeln schälen und in dünne Scheiben schneiden. Das restliche Öl in einer Pfanne erhitzen und die Zwiebeln darin weichdünsten. Die Tomaten dazugeben, salzen und einige Minuten offen schmoren.

4. Eine ofenfeste Form mit etwas Öl einfetten. Ein Drittel der Tomaten-Zwiebel-Sauce, die Hälfte der Kartoffelscheiben und darauf die Hälfte der Anchovispaste geben. Die restlichen Zutaten wie oben beschrieben anschichten und mit der Tomaten-Zwiebel-Sauce abschließen.

5. Die Form in den auf 200 Grad/Stufe 3 vorgeheizten Backofen schieben. Den Auflauf etwa 40 Minuten hellbraun backen.

Ein Rezept von Martin Klieber

◆ Dieser kräftig gewürzte Auflauf kann eine Beilage zu gegrilltem Fleisch oder Fisch sein. Streuen Sie vor dem Backen noch 100 g geriebenen Käse darüber, wird es eine sättigende vegetarische Mahlzeit.

GIGOT À LA PROVENÇALE

Provenzalische Lammkeule

Für 6 Portionen

1 Lammkeule (etwa 2 kg)
4–6 Knoblauchzehen
30 g Sardellen (Glas)
Pfeffer aus der Mühle
2 EL scharfer grober Senf
2 EL Kräuter der Provence

1. Die Lammkeule mit Küchenkrepp abreiben. Die Knoblauchzehen abziehen, in Stifte schneiden, die Sardellen abspülen und halbieren.

2. Mit einem kleinen, spitzen, scharfen Messer die Lammkeule rundum mehrmals einstechen. In die Einstiche je einen Knoblauchstift und ein Stück Sardelle stecken.

3. Die Lammkeule kräftig pfeffern, nicht salzen. Mit Senf bestreichen und dick mit der Kräutermischung bestreuen; etwas andrücken.

4. Die Lammkeule in den vorgeheizten Backofen schieben und bei 200 Grad/Gas Stufe 3 etwa 2 Stunden braten. Dabei nicht wenden.

◆ Eine gebratene Lammkeule zählt zu den besonders bequemen Gästegerichten. Sie läßt sich wunderbar vorbereiten und nimmt es nicht übel, wenn Gäste sich verspäten. Wer sich beim Braten Zeit nimmt, kann mit butterweichem Fleisch rechnen. Dann den Backofen statt auf 200 Grad nur auf 160 bis 175 Grad/Stufe 2 schalten und die Keule 3 bis 5 Stunden im Ofen lassen. Hier ein Vorschlag für ein typisch provenzalisches Menü, das sich besonders anbietet, wenn alle Gerichte vorbereitet werden sollen. Als Vorspeise „Bohnen mit Zitronensauce“ (Seite 29), „Ratatouille“ (Seite 31) als Beilage zum Fleisch und zum Dessert „Ziegenkäse in Olivenöl“ (Seite 27). Oder — wenn das Menü leichter sein soll — einfach frische Früchte der Saison.

HERBES PROVENÇALES

Kräuter der Provence

Die fertigen Mischungen der getrockneten Kräuter gibt es bei uns in kleinen Tontöpfen von französischen Herstellern. Natürlich haben auch deutsche Gewürzfirmen die Kräuter im Programm. Neuerdings wird die typisch französische Kräutermischung auch in Öl und Salz eingelegt angeboten. Die Qualität dieser Produkte ist übrigens besonders gut. Doch in der Provence kauft man sie nicht, sondern macht einen kleinen Spaziergang zum nächsten Hügel, auf dem die Kräuter wild wachsen, und pflückt, was man braucht. In der Provenceküche gibt es nämlich nicht nur die eine Kräutermischung, sondern je nach Gericht werden die Gewürze speziell zusammengestellt. So hat jede Familie ihr eigenes Hausrezept und verrät die Zusammenstellung nur guten Freunden. So sollten Sie es auch halten.

Hier ein Grundrezept:

Je 1 EL getrockneter Thymian,
Rosmarin,
Lavendel,
Bohnenkraut
und Ysop
Außerdem:
1 TL gemahlene Nelken
4 Lorbeerblätter
½ gemahlene Muskatnuß

Alle Zutaten im Mörser fein zerstoßen und in dunklen Gläsern luftdicht verschlossen aufheben.

◆ Wer experimentieren möchte, kann die Anteile der einzelnen Kräuter und Gewürze verändern. Ganz nach Wunsch können Sie Basilikum, Minze, Estragon oder Salbei zufügen oder Nelken durch Koriander, Pfeffer oder Piment ersetzen. Oder Sie geben noch 1 EL getrocknete, abgeriebene Schale von unbehandelten Orangen in die Mischung. Wer viel ausprobieren möchte, beginnt am besten erst einmal mit kleineren Mengen und entscheidet sich dann erst für seine ganz spezielle Mischung.

So einfach die Zutaten für den Zwiebelkuchen auch sind, das Endprodukt ist köstlich. Besonders typisch: Aus Oliven und Sardellenfilets werden gitterförmige Muster auf den Kuchen gelegt.

PISSALADIÈRE NIÇOISE

Zwiebelkuchen mit Oliven — Nizzaer Art

Für 4 Portionen

200 g Weizenmehl (Typ 550)
100 ml lauwarmes Wasser
10 g Hefe
1 Prise Zucker
1 reichliche Prise Salz
1 kg Zwiebeln
1 Knoblauchzehe
4–6 EL natives Olivenöl
6 Sardellenfilets
50 g schwarze Oliven
Salz, Pfeffer aus der Mühle
Sardellenfilets zum Garnieren

1. Das Mehl in eine Schüssel geben. Hefe, Zucker und Salz im lauwarmen Wasser auflösen. Zum Mehl in die Schüssel gießen. Mit den Knethaken des Handrührers zu einem glatten Teig verarbeiten. Falls nötig, zusätzlich 1 bis 2 Eßlöffel Wasser zugeben. Den Teig für 20 Minuten zugedeckt an einen warmen Ort stellen.

2. Mit den Händen den aufgegangenen Teig kräftig durchkneten. Nochmals etwa 30 Minuten gehen lassen, bis er sein Volumen verdoppelt hat.

3. Die Zwiebeln abziehen und in feine Scheiben schneiden, die Knoblauchzehe hacken.

4. Etwa 2 Eßlöffel Olivenöl in einer Pfanne erhitzen und die Zwiebelscheiben darin langsam weichschmoren, sie dürfen keine Farbe annehmen. Den Knoblauch mitschmoren.

5. Inzwischen den Brotteig mit den Händen flachdrücken und eine geölte Springform damit auslegen oder den Teig auf einem Backblech ausrollen. Mit einer Gabel mehrmals einstechen und den Teig einige Minuten ruhen lassen.

6. Die Sardellenfilets in Stückchen schneiden und mit einer Gabel zerdrücken. Unter die Zwiebeln mischen. Salzen und pfeffern.

7. Die Mischung gleichmäßig über den Teig verteilen. Die Oliven darüberstreuen und mit dem restlichen Olivenöl beträufeln.

8. Im vorgeheizten Backofen bei 200 Grad/Gas Stufe 3 etwa 35 Minuten backen.

Die Pissaladière kann warm oder kalt gegessen werden.

◆ Den Hefeteig am besten gleich in einer größeren Menge zubereiten und aus dem Rest ein Brot oder Brötchen backen. Die Qualität des Teiges ist bei einer größeren Menge meistens besser. Außerdem lohnt sich der Aufwand dann.

ROUILLE

Scharfe Würzpaste

Für 6–8 Portionen

2 Knoblauchzehen
1 kleine rote Pfefferschote
4 EL Paniermehl in 4 EL Fischbrühe eingeweicht, oder
1 gekochte kalte Pellkartoffel
1 Messerspitze im Mörser zerstoßene Safranfäden
10 EL natives Olivenöl extra

1. Die Knoblauchzehen abziehen und mit der Pfefferschote in einem Mörser fein zerstoßen.

2. Das Paniermehl hinzufügen und unter ständigem Rühren Safran und nach und nach das Olivenöl an die cremige Paste geben. Es soll eine mayonnaisenartige Sauce entstehen.

Wenn die Sauce zu dick ist, noch etwas Fischbrühe darunterrühren.

◆ Die Rouille kann auch wie eine Mayonnaise zubereitet werden. Dann wird anstelle von Paniermehl oder Kartoffel ein Eigelb mit dem Öl verrührt. Die safrangelbe Rouille wird zu Fischsuppen serviert, vor allem ist sie zur Bouillabaisse unentbehrlich. Sie schmeckt aber auch zu kaltem Braten sowie zu hartgekochten Eiern vorzüglich.

Die Rouille gehört zu den typischen Saucen der provenzalischen Küche. Sie wird kalt zubereitet und serviert. Ihre Bindung erhält die safrangelbe Paste entweder durch Brösel oder eine zerdrückte, gekochte Kartoffel.

AIOLI

Mayonnaise mit Knoblauch

Für 8 Portionen

4 Knoblauchzehen
1 Eigelb
Salz
1/2 l natives Olivenöl extra
1 EL Zitronensaft

1. Die abgezogenen Knoblauchzehen in einem Mörser fein zerstoßen oder durch die Knoblauchpresse in eine Schüssel drücken.

2. Das Eigelb sowie 1/4 Teelöffel Salz hinzufügen und vermischen. Ganz langsam unter ständigem Rühren mit einem Holzlöffel oder mit einem Schneebesen 4 bis 5 Eßlöffel Öl hinzufügen.

3. Den Zitronensaft mit 1 Eßlöffel warmen Wasser und dem restlichen Öl vermischen und ganz langsam unter gleichmäßigem Weiterrühren hinzufügen. Sollte das Aioli gerinnen, kann man es mit 1 Eßlöffel kochendem Wasser retten. Sonst muß man nochmal mit einer zerstoßenen Knoblauchzehe und einem Eigelb beginnen und die geronnene Sauce nach und nach hinzufügen.

KNOBLAUCH

Der eine liebt den Duft, den anderen stört der Geruch. Doch kaum ein anderes Lebensmittel hat nach neuesten Forschungen so gesunde Eigenschaften wie der Knoblauch. Er wirkt — regelmäßig gegessen — vorbeugend gegen Arteriosklerose, durchblutungsfördernd und blutdrucksenkend. Dazu ist er ein regelrechter Bakterienkiller, normalisiert die Darmflora und stärkt die Abwehrkräfte des Körpers. Grund genug nicht an diesem Gewürz zu sparen. Gehen Sie mit Knoblauch verschwenderisch um, wenn er noch jung ist, also im Frühsommer. Dann liefern die saftig-frischen Zehen milde Würze. Knoblauchzehen, die schon zu alt sind haben ein recht penetrantes Aroma. Sie erkennen überlagerten Knoblauch leicht an den grünen Keimlingen, die im Innern der einzelnen Zehen liegen.

LANGOUSTINES À LA PROVENÇALE

Geschmorte Langustinen provenzalisch

Für 4 Portionen

16 frische große Langustinen (Kaisergranat)
250 g Tomaten
3 Knoblauchzehen
4 EL Olivenöl
Meersalz
grob gemahlener Pfeffer
einige Stengel Petersilie und Basilikumblätter

1. Die Langustinen waschen und auf ein Sieb geben. Bei ganzen Tieren die Köpfe abtrennen. Die Langustinenschwänze mit einem scharfen Messer der Länge nach halbieren. Den kleinen dunklen Darm am Rücken entfernen.

2. Die Tomaten überbrühen, abziehen, die Kerne entfernen und das Fruchtfleisch in Stückchen schneiden.

3. Die Knoblauchzehen abziehen und in kleine Würfel schneiden oder zerdrücken.

4. Das Olivenöl in einer großen Pfanne erhitzen und die Langustinenschwänze darin unter Wenden 2 Minuten scharf anbraten. Die Knoblauchwürfel hinzufügen, kurz glasig braten, aber nicht bräunen, und die Tomatenstückchen hinzufügen. Bei starker Hitze 2 Minuten weiterbraten, bis die Tomaten zu bräunen beginnen. Mit Salz und frisch gemahlenem Pfeffer, gehackter Petersilie und in Streifen geschnittenen Basilikumblättern bestreuen.

5. Die geschmorten Langustinen in der Pfanne sofort brutzelheiß auftragen.

LOUP DE MER

Wolfsbarsch

Für 2 Portionen

1 Wolfsbarsch (vom Händler schuppen und ausnehmen lassen)
Salz, Pfeffer aus der Mühle
etwa 6 frische Lorbeerblätter
8 EL natives Olivenöl extra
1/2 Zitrone in Scheiben
4 EL Weißwein
Saft von 1/2 Zitrone

1. Den Barsch waschen und trockentupfen. Den Fisch innen und außen salzen und pfeffern. Auf beiden Seiten flache Einschnitte machen und die Lorbeerblätter hineinstecken.

2. Den Fisch in eine ofenfeste Form legen und mit 4 EL Olivenöl beträufeln. Den Wein angießen. Zitronenscheiben dazulegen.

3. Die Form in den auf 250 Grad/Stufe 5 vorgeheizten Backofen schieben und etwa 12 Minuten backen.

4. Zitronensaft und das restliche Olivenöl mit einer Gabel verschlagen und über den fertigen Fisch gießen. Sofort mit Baguette und gemischtem Salat servieren.

Knorrige Olivenbäume und Zypressen, die wie Ausrufezeichen verkünden: Hier ist ein Stück vom Paradies — das ist die Toskana! Setz dich in den Schatten, iß und trink, Käse und Rotwein vielleicht, oder eine am offenen Feuer geröstete "Bruschetta", eine Scheibe toskanisches Brot, getränkt mit feinstem Olivenöl.

VON PASTA, PESTO UND PIGNOLI

ITALIEN

Wir wollen den Streit, ob die hochgelobte und stilbildende Küche Frankreichs wirklich erst denkbar ist, seit Katharina von Medici Heinrich II heiratete und mit ihren italienischen Köchen in Paris das Regiment in Boudoir und Küche übernahm, nicht wieder aufwärmen und schon gar nicht schlichten. Fest steht, daß die italienische Küche eine der abwechslungsreichsten, natürlichsten und schmackhaftesten im ganzen Mittelmeerraum ist. Und daß es sie — strenggenommen — gar nicht gibt.

Die Küche Italiens ist die Küche seiner Regionen, seiner historischen Provinzen, und davon gibt es siebzehn. Zwischen der sizilianischen „Pasta con le sarde" und der piemontesischen „Bagna cauda" liegen ebenso Welten wie zwischen der Pizza aus Neapel und einem bayerischen Schweinsbraten.

Bei unserem kurzen Bummel durch Italiens Küchen beginnen wir in Ligurien, diesem schmalen Landstreifen zwischen Berg und Meer, dessen touristischer Höhepunkt die Riviera ist. Das bedeutet natürlich Fisch, erstklassiges Olivenöl und ein Gewürz, das mit seinem frischen Duft alles überstrahlt: Basilikum. Seinen besonderen Reiz verleiht es dem „Pesto genovese", einer aromatischen Würzsauce, die besonders gut zu Teigwaren paßt.

Aus dem Piemont kommen nicht nur exzellente Rotweine und im Herbst die weißen Trüffeln, sondern auch die „Bagna cauda", übersetzt „warmes Bad". Eine wahre Vitaminbombe!

„Vitello tonnato" ist ein lombardisches Gericht aus der Gegend um Mailand. Fleisch geht hier mit Fisch eine überaus harmonische Verbindung ein, die auch wieder den Norden und den Süden des Landes in einem

Gericht zusammenführt: Thunfisch, gefangen bei Sizilien, Kapern aus dem Mezzogiorno und das saftige Kalbfleisch aus der Lombardei.

Der Fischsalat (Seite 61) aus dem Veneto, den wir Ihnen vorstellen, ist eine raffinierte Mischung aus Tintenfisch und Meeresfrüchten und hat nichts zu tun mit den oft lieblos angemachten, öltriefenden und völlig überknofelten Salaten auf so mancher Vorspeisentheke.

Italiener sind leidenschaftliche Jäger. Unser „Kaninchen in Porchetta" hat seinen Namen von der überaus wohlschmeckenden Weise, wie man in Umbrien mit Kräutern gefüllte Schweine am Spieß brät — es wird mit den gleichen Kräutern zubereitet und mit selbstgemachtem, luftgetrocknetem Speck saftig gehalten. Für viele ist die Toskana, die wie gekämmt aussehenden Weinberge im Chianti mit ihren wie Ausrufungszeichen aufragenden Zypressen und den silbrig flirrenden Olivenbäumen Italien schlechthin. In der beinahe derben, ländlichen Küche geben gegrilltes Fleisch und in Olivenöl marinierte Ochsenkoteletts, frische Kräuter und Bohnen den Ton an. „Crostini" sind kleine, knusprige Brote mit einem herzhaften Aufstrich. Sie überbrücken aufs Angenehmste auch längere Wartezeiten, bis kommende Haupt-Genüsse den Hunger stillen.

Sizilien ist der Knotenpunkt der Mittelmeerkulturen. Hier landeten Phönizier und Griechen, Römer kamen dazu, Normannen und Araber. Rezepte wie unsere „Pasta con le sarde" bündeln alle diese Einflüsse auf einem Teller: die Nudeln sind italienisch, das Olivenöl und die Fische sind hier überall zu Hause. Auch die würzigen Zutaten, wie Fenchel, Pinienkerne und Sultaninen, haben ihren Ursprung in Arabien.

PIZZA AL TONNO

Pizza mit Thunfisch

Für 4 Portionen

Für den Teig:
500 g Mehl
1 TL Salz
20 g Hefe
knapp 1/4 l lauwarmes Wasser
Für den Belag:
2 Pakete TK-Blattspinat (600 g)
5 EL natives Olivenöl extra
1 Zwiebel
Salz, Pfeffer aus der Mühle
2 Dosen Thunfisch (je 200 g)
1 Bund Petersilie
12 frische Basilikumblätter
100 g geriebener Parmesan
50 g Pinienkerne

1. Den Pizzateig zubereiten wie im Rezept „Pizza neapolitanisch" beschrieben. Aus dem aufgegangenen Teig zwei runde Fladen formen und auf zwei geölte Bleche geben. Mit den Händen von der Mitte her flachdrücken, so daß rundherum ein Rand entsteht. Abgedeckt etwa 30 Minuten gehen lassen.

2. Den Spinat auftauen lassen und auf einem Brett grob hacken.

3. 4 Eßlöffel Öl in einer Pfanne erhitzen und die gewürfelte Zwiebel darin glasig dünsten. Den Spinat hinzufügen und mit den Zwiebelwürfeln vermischen. Mit Salz und Pfeffer herzhaft abschmecken.

4. Die Zwiebel-Spinat-Mischung auf die Pizza verteilen. Mit dem zerpflückten Thunfisch belegen und mit der feingehackten Petersilie und den streifig geschnittenen Basilikumblättern bestreuen. Mit Salz und Pfeffer würzen. Den Parmesan und die Pinienkerne darüber verteilen und mit dem restlichen Öl beträufeln.

5. Die Pizza in den auf 250 Grad/Stufe 5 vorgeheizten Backofen schieben und etwa 20 Minuten backen. Eventuell nach 10 Minuten auf 220 Grad schalten.

PIZZA NAPOLI

Pizza neapolitanisch

Für 4 Portionen

Für den Teig:
15 g frische Hefe
1/8 l lauwarmes Wasser
500 g Mehl
2 EL natives Olivenöl extra
1/2 TL Salz
Für den Belag:
4 EL natives Olivenöl extra
400 g Tomaten
150 g Mozzarellakäse
4 Basilikumblätter
5 Sardellenfilets
Salz, Pfeffer aus der Mühle
1 TL Oregano

1. Für den Hefeteig die Hefe in eine Schüssel bröckeln und mit lauwarmem Wasser begießen; etwa 10 Minuten gehen lassen.

2. Das Mehl in eine Rührschüssel geben. In die Mitte eine Vertiefung drücken und die Hefe hineingießen. Öl und Salz auf den Mehlrand verteilen.

3. Alle Teigzutaten mit der Hand oder den Knethaken des Handrührers kneten, bis sich der Teig vom Schüsselrand löst. Mit Mehl bestäuben, abdecken und um das doppelte Volumen aufgehen lassen. Den Teig anschließend mit den Händen auf bemehlter Arbeitsfläche etwa 10 Minuten kneten.

4. Tomaten und Mozzarellakäse in Scheiben schneiden. Basilikumblätter hacken.

5. Ein Backblech mit Öl einpinseln. Den Teig in Blechgröße zum Kreis ausrollen und darauflegen.

6. Den Backofen auf stärkste Hitze vorheizen. Tomatenscheiben, Mozzarellascheiben und die Sardellen auf den Teig verteilen. Alles leicht salzen, pfeffern und mit Oregano und gehacktem Basilikum bestreuen. 15–20 Minuten backen.

Ein Rezept von Gabriele Mongio

ANTIPASTI

Menüs sind wie wohlkomponierte Opern: es gibt Solo-Arien und Intermezzi, zärtliche Duette und pompöse Auftritte. Die Ouvertüre aber ist beinahe das Schönste: Man darf schon von den späteren Genüssen kosten, ohne satt zu werden. Und Antipasti sind für ein italienisches Menü wie die Ouvertüre in der Oper. Endlich darf man naschen — eine marinierte Zwiebel, Sardellen oder ein Stückchen eingelegten Thunfisch. Am liebsten auf einer großen Platte in die Mitte des Tisches gestellt, so daß alle zulangen können. Die Zeit bis zum ersten Gang vergeht im Fluge, und alle Geschmacksnerven sind für die kommenden Genüsse vorbereitet.

Im Foto: Geschmorte Zwiebeln (oben), marinierte Möhren (daneben), Bohnensalat (Mitte rechts), Zucchini in Zitronenöl (Mitte links); getrocknete Tomaten (Mitte unten) und eingelegte Meeresfrüchte (oben links) fertig gekauft; gebratene Auberginen (unten links). Und auf dem Teller: Parma-Schinken mit geraspeltem Parmesan, Thymian und Pfefferschote.

CIPOLLINE IN AGRO-DOLCE

Geschmorte Zwiebeln

Für 6 Portionen

500 g kleine weiße Zwiebeln
4 EL natives Olivenöl
4 EL Weinessig
etwas Salz
1 TL Zucker

1. Die Zwiebeln abziehen und die grünen Stiele abschneiden. Das Olivenöl in einem breiten, flachen Topf erhitzen. Die Zwiebeln unter gelegentlichem Wenden leicht darin bräunen.

2. Essig, Salz, Zucker und 1/4 l Wasser dazugeben und alles einmal aufkochen lassen. Dann auf kleiner Hitze etwa 15 Minuten sanft köcheln lassen und dabei den Topfdeckel einen Spalt geöffnet halten, so daß Dampf entweichen kann.

3. Anschließend die Zwiebeln bei großer Hitze kochen, bis die Flüssigkeit zu Sirup eingekocht ist. Die Zwiebeln abgekühlt oder lauwarm servieren.

MELANZANE MARINATE

Gebratene Auberginen

Für 6 Portionen

2 Auberginen, etwa 300 g
Salz
6–8 EL Olivenöl
Knoblauch und Weißweinessig nach Geschmack

1. Die Auberginen in 1/2 cm dicke Scheiben schneiden. Mit Salz bestreuen und etwa 10 Minuten „schwitzen" lassen. Anschließend abspülen. Die Scheiben sorgfältig mit Küchenkrepp abtrocknen, da sonst das heiße Öl zu sehr spritzen würde.

2. Das Olivenöl in einer Pfanne stark erhitzen. Die Scheiben nach und nach (immer nur soviel, wie nebeneinander Platz haben) braun braten. Zum Abtropfen auf Küchenkrepp legen.

3. Je nach Geschmack kann man noch Knoblauchscheiben kurz mitbraten. Jedoch nicht zu lange in der Pfanne lassen, sonst werden die Scheiben schnell braun und damit bitter. Auch sehr gut: Die noch heißen Auberginenscheiben mit etwas gutem Weißweinessig beträufeln.

ZUCCHINI AL LIMONE

Zucchini in Zitronenöl

Für 4 Portionen

400 g kleine feste Zucchini
2 TL Salz
1 Tasse milder Weißweinessig
3 EL Zitronensaft
1–2 Knoblauchzehen
1 Bund glatte Petersilie
6 EL natives Olivenöl extra

1. Die Zucchini in etwa 1 cm dicke Scheiben schneiden. Mit Salz bestreuen und 15 Minuten „schwitzen" lassen. Anschließend kalt abspülen.

2. Essig mit der gleichen Menge Wasser aufkochen und die Zucchinischeiben etwa 3 Minuten darin kochen. Abgießen und gut abtropfen lassen.

3. Für die Marinade Zitronensaft mit durchgepreßtem Knoblauch, gehackter Petersilie und dem Öl verrühren, über die noch warmen Zucchinischeiben geben und mischen. Das Gemüse mindestens 2 Stunden, besser über Nacht, durchziehen lassen.

CAROTINE IN AGRO-DOLCE

Marinierte Möhren

Für 4 Portionen

1 Bund junge Möhren
Salz
1 Schalotte
1 Knoblauchzehe
1 Lorbeerblatt
1/4 TL getrockneter Oregano
Pfeffer aus der Mühle
1/4 TL Zucker
100 ml milder Weinessig
6 EL natives Olivenöl extra
1/2 Bund glatte Petersilie

1. Die Möhren schälen, waschen und in Scheiben schneiden. Die Möhren in 1/2 Liter kochendes Salzwasser geben und 4 Minuten kochen.

2. Schalotte und Knoblauchzehe kleinschneiden und in eine Schüssel geben. Lorbeerblatt, Oregano, Pfeffer, Zucker und Essig dazugeben.

3. Die abgetropften heißen Möhren in die Marinade geben. Zugedeckt mindestens 24 Stunden ziehen lassen.

4. Zum Servieren abtropfen lassen, auf einem Teller anrichten und mit Olivenöl beträufeln. Mit gehackter Petersilie bestreuen. Dieses Rezept können Sie auch mit jungen, weißen Rüben (Mairübchen) zubereiten. Und statt der Petersilie schmeckt auch in Streifen geschnittenes Basilikum.

INSALATA DI FAGIOLI

Weißer Bohnensalat

Für 4 Portionen

2 Dosen weiße Bohnen (ca. 800 g)
1 Dose Thunfisch in Öl
1 Zwiebel
1 gestrichener TL Salz
6 EL natives Olivenöl extra
Pfeffer aus der Mühle
je 2 EL Zitronensaft
und Weißweinessig

1. Die Bohnen abtropfen lassen. Den Thunfisch abgetropft mit einer Gabel zerpflücken. Die Zwiebel würfeln, in eine Schüssel geben und mit Salz bestreuen. 10 Minuten ziehen lassen.

2. Olivenöl, Pfeffer, Zitronensaft, Essig zu den Zwiebelwürfeln geben und verrühren. Bohnen und Thunfisch daruntermischen. Mindestens 2 Stunden durchziehen lassen.

INSALATA DI OLIVE

Olivensalat

Für 4 Portionen

400 g kleine schwarze Oliven
1 Knoblauchzehe
2 Stangen Bleichsellerie
4 kleine Frühlingszwiebeln oder
2 Zwiebeln, Salz
einige Minzeblätter
6 EL natives Olivenöl extra
frisches Weißbrot

1. Die Oliven wässern und entsteinen. Die Knoblauchzehe fein hacken, Sellerie in Stückchen schneiden. Die Zwiebeln in Scheiben mit Salz bestreut 15 Minuten schwitzen lassen, mit kaltem Wasser abspülen.

2. Die Oliven gut abtrocknen und mit den übrigen Zutaten in einer flachen Schüssel mischen. Einige Minzeblätter hinzufügen.

3. Das Olivenöl über die Salatzutaten gießen und 1 Stunde kühl stellen. Das Öl der Oliven mit frischem Weißbrot auftunken.

BAGNA CAUDA

Gemüsefondue

Für 6 Portionen

1 Zucchini
1 grüne Paprikaschote
6 Stiele Staudensellerie
4 Lauchzwiebeln
1 kleine Fenchelknolle
1 kleiner Blumenkohl
4 Knoblauchzehen
100 g Sardellen
50 g Butter
50 ml natives Olivenöl extra
1 EL Schlagsahne

1. Das Gemüse putzen, waschen und in mundgerechte Stücke zerschneiden. In Gefrierbeutel verpacken. Damit es zum Essen richtig knackig und frisch ist, das Gemüse etwa 1 Stunde in den Kühlschrank legen.

2. Für die Sauce die Knoblauchzehen abziehen und in sehr feine Streifen schneiden. Die Sardellen mit kaltem Wasser abspülen, mit Küchenkrepp abtrocknen und feinhacken. Die Butter in einem Topf zerlassen, das Olivenöl unterrühren. Den Knoblauch bei milder Hitze glasig dünsten.

3. Die Sardellenfilets dazugeben und solange bei kleiner Hitze rühren, bis sie sich vollkommen aufgelöst haben. Schlagsahne einrühren. Die Sauce darf nicht kochen, und es soll eine flüssige Creme entstehen.

4. Die Sauce in einen Fonduetopf umfüllen und auf ein Stövchen stellen. Die auf einer Platte angerichteten Gemüse werden in die warme, würzige Sauce getaucht und roh gegessen.

Ein Rezept von Wolfgang Staudenmaier

◆ Bagna cauda ist eine traditionelle Vorspeise aus dem Piemont. Sie ist allerdings so nahrhaft, daß sie für den normalen Appetit oft als Hauptgericht ausreicht. Es gibt auch hier viele Variationen. Die Gemüse werden teils roh — wie hier in diesem Rezept — oder auch gekocht verwendet.

PASTA

Für den Teig gibt es viele Rezepte: mit mehr oder weniger Eiern und Eigelb, mit und ohne Grieß, mit und ohne Öl. Es geht natürlich auch ganz ohne Eier. Dann besteht der Teig allein aus Mehl oder Grieß und Wasser. Er heißt dann „pasta bianca". Auch mit den Mehlsorten läßt sich experimentieren. Mischungen aus feinen Roggen- oder Buchweizenmehlen sind möglich. Ein Anteil von 10 Prozent Sojamehl verbessert den Nährwert. Welchen Teig man auch wählen mag: Die idealen Nudeln sind für einen Italiener handgemacht. So sollen sie sich viel besser mit der Sauce verbinden — und überhaupt erheblich besser schmecken. Wer sie mit den Händen knetet und mit dem Nudelholz ausrollt, braucht Zeit, Kraft und Ausdauer. Praktischer und schneller geht das Nudelmachen aber natürlich mit einer Maschine. Die knetet, walzt und schneidet in weniger als der Hälfte der Zeit und liefert verläßlich gute Nudeln.

PASTA AL UOVO

Eier-Nudelteig

Für 4 – 5 Portionen

etwa 500 g Mehl
5 Eier
1 TL Salz
2 EL natives Olivenöl extra

1. Mehl auf die Arbeitsfläche häufen, in die Mitte eine Mulde drücken und Eier, Salz und Olivenöl hineingeben. Die Eier mit dem Mehl vermengen. Dabei am besten mit den Händen von der Mitte her nach außen arbeiten.

2. Sobald der Teig einen Kloß bildet, kein Mehl mehr darunterarbeiten. Den Teigkloß auf der Arbeitsfläche mit den Händen gut durchkneten. Dadurch entwickelt sich der Kleber im Mehl, der Teig wird glatt und elastisch.

3. Den Teig in Folie einwickeln, damit er nicht trocknet, und 1 Stunde ruhen lassen. Dann in faustgroße Stücke teilen und jedes Stück auf einer bemehlten Arbeitsfläche so dünn wie möglich ausrollen. Den fertigen Teig in beliebige Formen schneiden. Zum Beispiel für Tagliatelle mit Lineal und Messer etwa 1 cm breite Streifen, für die schmaleren Tagliolini ½ cm breite Nudeln schneiden.

SALSA ALL AGLIO

Knoblauchsauce

Für 4 Portionen

6 Knoblauchzehen
1 Bund glatte Petersilie
1 Peperoni
100 ml natives Olivenöl extra
Salz

1. Die Knoblauchzehen abziehen, halbieren, evtl. innen den grünen Keim entfernen. Petersilie waschen, trockenschleudern und hacken. Peperoni halbieren, entkernen und hacken.

2. Das Olivenöl erhitzen und den Knoblauch darin hellbraun werden lassen, dann entfernen.

3. Peperoni und Petersilie in das heiße Öl geben, außerdem 2–3 Eßlöffel vom Nudelkochwasser. Ein wenig Salz zufügen und sofort mit heißen Spaghetti oder anderen Nudeln vermischen. (Rechnen Sie für 4 Portionen etwa 500 g Nudeln).

Ein Rezept von Antonio Esposito

SALSA AL PISTACCHIO

Pistaziensauce

Für 4 Portionen

50 g Pistazienkerne
30 g Walnußkerne
2 Sardellenfilets
8 EL natives Olivenöl extra
6 EL Zitronensaft

1. Pistazienkerne, Walnüsse und die gut abgespülten Sardellenfilets im Mörser zu einer Paste zerstoßen. Das Öl mit dem Zitronensaft verquirlen und nach und nach unterrühren.

Ein Rezept von Antonio Milano

◆ Pistaziensauce wird in Ligurien zu gekochtem Meerfisch gegessen, paßt aber auch zu Nudeln.

PESTO

Basilikumsauce

Für 4 Portionen

20 g Pinienkerne
100 g Basilikum
1 gestrichener TL grobes Salz
1 Knoblauchzehe
2 EL geriebener Parmesankäse
4 – 6 EL natives Olivenöl extra
Salz, Pfeffer aus der Mühle

1. Pinienkerne in einer Pfanne ohne Fett leicht anrösten. Basilikumblätter von den Stielen zupfen, waschen und trocknen.

2. Grobes Salz, durchgepreßte Knoblauchzehe, Basilikumblätter und die Pinienkerne in einen Mörser geben.

Tagliatelle oder Tagliolini? Wird der Teig in breite Streifen geschnitten, heißen die Nudeln in Italien Tagliatelle. Die schmaleren Tagliolini gelten als feiner und nehmen die Sauce besser auf. Hier sind rote Nudeln mit frischem Pesto angerichtet.

Für ein klassisches Pesto brauchen Sie einen Mörser, am besten einen großen, schweren aus Marmor und den dazugehörigen Stößel aus Buchsbaumholz (ein anderer tut es auch) und natürlich viel frisches Basilikumkraut. Das Kraut bekommen Sie beim Gemüsehändler, einen schönen Marmormörser und den dazugehörigen Stößel besorgen Sie sich vielleicht im nächsten Urlaub in Italien.

3. Mit dem Stößel zu einer gleichmäßigen Paste zerstoßen. Den Parmesankäse darunterarbeiten. Sie können auch einen Universalzerkleinerer verwenden.

4. Die Paste in eine Schüssel umfüllen. Das Öl tropfenweise zugeben und dabei ständig mit einem Holzlöffel rühren. Die Sauce mit Salz und Pfeffer abschmecken.

5. Die Basilikumsauce vor dem Anrichten mit etwas vom Nudelkochwasser verdünnen und unter die heißen Nudeln mischen.

Ein Rezept von Antonio Milano

SALSA ALLA GENOVESE

Genueser Sauce

1 kleines Brötchen
5 – 6 EL Weißweinessig
30 g Kapern
30 g Pinienkerne
2 Sardellenfilets
5 schwarze Oliven
1/2 Bund glatte Petersilie
1/2 Knoblauchzehe
1 Eigelb
1 Glas natives Olivenöl extra
Saft von 1/2 Zitrone
Salz, Pfeffer aus der Mühle

1. Das Brötchen in grobe Würfel schneiden und in einer Schüssel mit dem Weißweinessig beträufeln und kurz durchziehen lassen.

2. Kapern, Pinienkerne, Sardellen, entsteinte Oliven, Petersilie und die Knoblauchzehe fein hacken. Mit dem ausgedrückten Brötchen in einen Mörser geben, das Eigelb hinzufügen und zu einer glatten Paste zerstoßen.

3. Die Paste durch ein feines Sieb streichen. Das Olivenöl tropfenweise darunterrühren.

4. Zum Schluß den Zitronensaft dazugeben. Die Sauce mit Salz und Pfeffer abschmecken.

Ein Rezept von Antonio Milano

◆ Diese Sauce serviert man vorzugsweise zu „Bollito misto". Das Rezept finden Sie auf Seite 54.

SALSA DI POMODORI FRESCHI

Frische Tomatensauce

1 kg reife Tomaten
4 – 6 EL natives Olivenöl extra
1/2 Knoblauchzehe
1 Zwiebel
1 Möhre
1 Stengel Staudensellerie
etwas Oregano und einige Blätter frisches Basilikum
Salz, Pfeffer aus der Mühle

1. Die Tomaten brühen, die Haut abziehen und das Fruchtfleisch in Stückchen schneiden, dabei die Kerne entfernen.

2. Öl erhitzen, die Knoblauchzehe darin goldgelb braten und herausnehmen.

3. In dem Öl die jeweils in Würfel geschnittene Zwiebel und Möhre sowie den in Scheiben geschnittenen Staudensellerie anrösten. Die Tomatenstückchen und den Oregano hinzufügen. Bei kleiner Hitze 15 Minuten schmoren lassen.

4. Die Basilikumblätter in Streifen schneiden und in den letzten 5 Minuten mitschmoren lassen.

5. Mit Salz und Pfeffer abschmecken. Man kann die Sauce durch ein Sieb passieren oder mit den Tomatenstückchen auftragen.

◆ Die leichte, fruchtig-aromatische Sauce paßt zu Fisch, Fleisch und natürlich zu allen Pastagerichten und Risotto.

SUGO DI POMODORO

Tomatensauce

800 g reife Tomaten
1 Bund frisches Basilikum
3 Knoblauchzehen
6 EL natives Olivenöl
Salz, Pfeffer aus der Mühle

1. Die Tomaten einritzen, überbrühen und die Haut abziehen. Kerne und Blütenansatz entfernen, das Fruchtfleisch in Streifen schneiden.

2. Basilikum waschen, trockenschleudern und grob hacken. Die Knoblauchzehen abziehen, halbieren und evtl. grüne Keime entfernen — sie sind bitter!

3. Das Olivenöl in der Pfanne erhitzen und den Knoblauch darin goldbraun anbraten, anschließend entfernen.

4. Die Tomaten in die Pfanne geben und leicht salzen. Alles etwa 15 – 20 Minuten ohne Deckel bei mittlerer Hitze eindampfen.

5. Zum Schluß, kurz vor dem Servieren, das grobgehackte Basilikum zur Tomatensauce geben. Nicht mitkochen! Leicht mit Pfeffer würzen.

Ein Rezept von Antonio Esposito

◆ Das Aroma der Sauce steht und fällt mit der Qualität der Tomaten. Nur voll ausgereifte Früchte haben genügend Substanz. Außerhalb der Saison nehmen Sie besser Dosentomaten oder Tomaten in der Kartonverpackung. Sie sind allemal besser im Geschmack als wäßrige Treibhausfrüchte.

Sugo di Pomodoro, diese Tomatensauce gehört zu den kulinarischen Heiligtümern der italienischen Küche. Über das ideale Rezept hat es schon viele Diskussionen gegeben. Es ist halt Geschmacksache.

SPAGHETTI CON VONGOLE

Spaghetti mit Muscheln

Für 4 Portionen

1 kg Muscheln
(z. B. Venusmuscheln)
3 EL natives Olivenöl
1 Zwiebel
2 große reife Tomaten (300 g)
1 Knoblauchzehe
Salz
Pfeffer aus der Mühle
400 g Spaghetti
1 EL gehackte Petersilie

1. Zuerst die Muscheln unter fließendem kaltem Wasser gründlich abbürsten, dann waschen. In einer großen Pfanne 1 Eßlöffel Öl erhitzen und die Muscheln darin dünsten, bis sie sich geöffnet haben. Auf ein Sieb geben und aus den Schalen lösen. Muscheln, die sich nicht geöffnet haben, bitte auf keinen Fall verwenden.

2. Das Muschelwasser aus der Pfanne durch ein sehr feines Sieb oder ein feines Tuch geben, damit der Sand zurückbleibt.

3. Die Zwiebel in Würfel schneiden. Die Tomaten kreuzweise einritzen, kurz brühen, die Haut abziehen und das Fruchtfleisch in Stückchen schneiden, dabei das harte gelbe Mark und die Kerne zurücklassen.

4. Das restliche Öl in einer hochwandigen Pfanne oder Kasserolle erhitzen, die Knoblauchzehe und die Zwiebelwürfel darin hellgelb rösten. Die Knoblauchzehe wieder aus dem Fett nehmen und die Tomaten hinzufügen. 10 Minuten dünsten lassen. Vorsichtig mit Salz und kräftig mit Pfeffer abschmecken. Die Muscheln und das Muschelwasser in die Pfanne geben. Erhitzen, aber nicht mehr kochen lassen.

5. Inzwischen die Spaghetti in reichlich kochendem Salzwasser nach Vorschrift auf der Packung in etwa 8 bis 11 Minuten „al dente" kochen. Eventuell etwas Öl ins Kochwasser geben.

6. Die Pasta auf einen Durchschlag schütten und gut abtropfen lassen. Zu den Muscheln in der Pfanne geben und mit zwei Holzgabeln gründlich vermischen. Mit Petersilie bestreuen und sofort auftragen.

SPAGHETTI CON AGLIO, OLIO E PEPERONCINO

Spaghetti mit scharfer Pfefferschote

Für 4 Portionen

400 g Spaghetti
Salz
6 EL natives Olivenöl
4 Knoblauchzehen
1 kleines Stückchen rote Pfefferschote (Peperoncino)
1 EL gehackte Petersilie

1. Die Spaghetti in 4 l kochendem gesalzenem Wasser nach Anweisung auf der Packung in 8 bis 11 Minuten „al dente" kochen.

2. Inzwischen für die Sauce das Öl in einer hochwandigen Pfanne oder Kasserolle erhitzen und die in hauchdünne Scheiben geschnittenen Knoblauchzehen und die in feine Stückchen geschnittene Pfefferschote darin anbraten, bis die Knoblauchscheiben hellgelb sind. Mit 3 Eßlöffel vom heißen Nudelkochwasser aufgießen und weitere 5 Minuten schmoren lassen.

3. Die Spaghetti auf einen Durchschlag schütten und gut abtropfen lassen. Sofort in die Pfanne zu dem kochendheißen Öl geben. Bei leichter Hitze unter Wenden der Spaghetti mit zwei Holzgabeln 2 bis 3 Minuten durchziehen lassen. Zum Schluß die Petersilie daruntermischen.

◆ Sowohl zu „Spaghetti mit Muscheln" als auch zu diesem Gericht wird kein Käse gereicht. Grundregel: Niemals Käse zu Pastagerichten mit Fisch oder Krustentieren!

PASTA CON SALSA DI NOCI

Spaghetti mit Walnußsauce

Für 4 Portionen

400 g Spaghetti
Salz
120 g möglichst frische Walnußkerne
6 EL natives Olivenöl extra
Pfeffer aus der Mühle
80 g frisch geriebener Pecorino- oder Parmesankäse

1. Die Spaghetti in reichlich sprudelnd kochendem Salzwasser nach Anweisung auf der Verpackung in ungefähr 8 bis 11 Minuten „al dente" kochen.

2. Inzwischen die Walnußkerne in einem Universalzerkleinerer oder mit einem schweren Messer nicht zu fein hacken. Das Olivenöl erhitzen und die Nüsse darin unter Rühren anrösten — sie sollen aber nicht bräunen.

3. Die gekochten Spaghetti auf einen Durchschlag schütten und gut abtropfen lassen. In eine vorgewärmte Schüssel geben und sofort mit der Walnußsauce und einer kräftigen Prise Pfeffer vermischen.

4. Den geriebenen Käse getrennt zu den Nudeln reichen.

NUDELN KOCHEN

Selbstgemachte frische Pasta braucht nur für zwei oder drei Minuten ins Kochwasser. Gekaufte, getrocknete Nudeln dagegen haben je nach Hersteller und Sorte ganz unterschiedliche Kochzeiten. Am besten lesen Sie vorher den Hinweis auf der Verpackung und stellen den Küchenwecker vorsichtshalber auf eine etwas kürzere Zeit ein. Dann können Sie eine Nudel herausfischen, probieren und entscheiden, ob die Nudeln schon gar genug sind. Für einen Italiener müssen Nudeln immer „al dente", wörtlich: „für den Zahn" gekocht sein. Aufgequollene, zu weiche Nudeln werden in jedem Restaurant sofort reklamiert.

PASTA CON SARDE

Makkaroni mit Sardinen

Für 4 Portionen

800 g frische Sardinen
das Grün von 1 kg Fenchel
2 Zwiebeln
etwa 1/2 Tasse Olivenöl
5–6 Anchovis (Sardellenfilets)
50 g Pinienkerne
100 g Sultaninen
Salz, Pfeffer aus der Mühle
700 g Makkaroni
6 EL natives Olivenöl extra

1. Die Sardinen entgräten, waschen und die Hälfte in Stücke schneiden. Restliche Sardinen beiseite stellen.

2. Das Fenchelgrün abspülen und in kochendem Wasser blanchieren. Das Wasser zum Makkaronikochen aufheben.

3. Die Zwiebeln abziehen, in feine Würfel schneiden und in einem Topf in 4 Eßlöffel Olivenöl glasig und weich dünsten. Die Sardinenstücke hinzufügen. Bei mittlerer Temperatur unter Wenden solange schmoren, bis eine dicke Paste entstanden ist.

4. Die Anchovis und das Fenchelgrün hacken und zur Paste geben; ebenfalls die Pinienkerne und die Sultaninen. Alles gut verrühren. Ist die Masse zu dick, etwas vom Fenchelwasser dazugeben. Die Paste mit Salz und Pfeffer abschmecken und im Backofen warmhalten.

5. Die Makkaroni im gesalzenen Fenchelwasser „al dente" kochen. Die restlichen, ganzen Sardinen salzen, pfeffern und im restlichen Olivenöl knusprig braten. Anschließend mit nativem Olivenöl extra beträufeln.

6. Zum Servieren die heißen Makkaroni auf Teller füllen, etwas von der Paste daruntermischen, die gebratenen Sardinen darauf anrichten.

Ein Rezept von Anna Sgroi

BOLLITO MISTO

Gemischtes gesottenes Fleisch

Für 10–12 Portionen

1 Bund Suppengrün
1 Zwiebel
3 TL Salz
1 kg Rindfleisch
(z. B. Schulterspitze)
750 g Kalbfleisch (Nuß)
500 g Suppenknochen
250 g Ochsenschwanz
1 Suppenhuhn
1 Rinderzunge, leicht gesalzen
1 italienische Schweinewurst (Cotechino)
1 Kalbskopf (1 Woche vorher bestellen)
10 Markknochen vom Rind

1. Das Suppengrün putzen, waschen und grob zerkleinern. Mit der ungeschälten, ganzen Zwiebel und etwa 2 1/2 Liter Wasser in einem großen Topf zum Kochen bringen, salzen.

2. Zuerst das Rindfleisch in den Topf geben und die Hitze auf kleinste Stufe zurückschalten. Den Topf bis auf einen kleinen Spalt zudecken. Nach etwa 30 Minuten das Kalbfleisch, die Suppenknochen, den Ochsenschwanz und das Huhn in den Topf geben. Alles 1 1/2 Stunden sanft weiterköcheln, so daß sich die Oberfläche nur ganz leicht kräuselt. So vorsichtig gegart, bleibt das Fleisch zart und saftig.

3. Die Rinderzunge in leichtem Salzwasser in einem zweiten Topf etwa 2 Stunden garen. Auch die Wurst und den Kalbskopf etwa 1 Stunde separat kochen.

4. Die Markknochen erst 5 Minuten vor dem Anrichten zur Brühe geben — sie sollen nicht kochen, sondern nur kurz garen.

5. Die Zunge häuten. Zum Servieren das Fleisch in Portionsstücke schneiden. Das Fleisch in etwas Fleischbrühe warmhalten, damit es nicht austrocknet. Die Brühe sorgfältig entfetten und als Vorsuppe servieren.

◆ In Italien werden zum Bollito misto fast immer gleich mehrere Saucen serviert. Klassisch sind folgende:
Genueser Sauce
(Rezept siehe Seite 50)
Basilikumsauce
(Rezept siehe Seite 48)
Tomatensauce
(Rezept siehe Seite 50)

GNOCCHI ALLA SALVIA

Klößchen mit Salbei

Für 4 Portionen

1 kg Kartoffeln
200 g Mehl
frisch geriebene Muskatnuß
2–3 TL Salz
2 Eier
100 g Butter
1 Handvoll frische Salbeiblätter
100 g Parmesankäse

1. Die Kartoffeln mit der Schale kochen. Noch warm pellen und fein reiben oder durch die Presse drücken.

2. Mehl, Muskatnuß und die verquirlten Eier zu den etwas abgekühlten Kartoffeln geben. Mit den Händen zu einem weichen, geschmeidigen Teig verkneten. Der Teig darf nicht mehr kleben — notfalls etwas Mehl unterkneten.

3. Den Teig in fingerdicke Rollen formen und mit einem Lineal etwa 3 cm lange Teigkissen abtrennen. In jedes Teigkissen mit der Fingerspitze eine Mulde drücken — später soll sich die Butter darin sammeln.

4. Die Gnocchi in reichlich kochendes Salzwasser geben und so lange köcheln, bis sie an der Oberfläche schwimmen. Mit einer Schaumkelle herausheben und auf vorgewärmten Tellern anrichten.

5. Butter in einer Pfanne erhitzen und die Salbeiblätter darin leicht bräunen. Sofort über die Gnocchi gießen. Mit dem frisch geriebenen Parmesankäse bedient sich jeder selbst.

Gnocchi würden beim Italiener in Deutschland sicher häufiger auf der Speisekarte stehen, wenn uns hierzulande das Wort glatter über die Zunge ginge. Richtig ausgesprochen: Njokki, klingen dann auch die süddeutschen Nocken heraus. Gemeint sind — hier wie dort — Knödelchen. Diese hier werden aus Kartoffeln und Mehl gemacht und mit heißer Salbeibutter übergossen.

Das typische Aroma bei diesem Kaninchenrezept liefern die mitgeschmorten Oliven. Es ist jedoch recht mühsam, die Steine der Früchte mit einem Messer herauszulösen. Ganz einfach geht es dagegen mit einer speziellen Knoblauchpresse, die im Griff eine Vorrichtung dafür hat. Im kleinen Foto ist zu sehen, wie das funktioniert.

CONIGLIO CON LE OLIVE

Kaninchen toskanisch

Für 4 Portionen

1 Kaninchen (ca. 1,2 kg)
Salz
3 Tomaten
1 Möhre
je 100 g grüne und schwarze Oliven
7 EL Olivenöl
1 Knoblauchzehe
1 Gläschen Grappa, ersatzweise Weinbrand (2 cl)
Pfeffer aus der Mühle

1. Das Kaninchen in Portionsstücke zerteilen, waschen und mit einem Tuch abtrocknen. Mit Salz einreiben.

2. Die Tomaten brühen, die Haut abziehen und das Fruchtfleisch in Stücke schneiden. Dabei die Kerne entfernen. Möhre putzen, in Scheibchen schneiden. Oliven mit dem Dorn an der Knoblauchpresse entkernen und ebenfalls in Scheibchen schneiden.

3. Das Olivenöl in einer Bratenpfanne erhitzen. Die Knoblauchzehe abziehen, halbieren und darin goldgelb braten. Anschließend wieder entfernen. Die Kaninchenteile in die Pfanne geben und von allen Seiten goldbraun braten. Die Tomatenstückchen und die Möhrenscheibchen hinzufügen. Kurz mitdünsten.

4. Mit dem Weinbrand übergießen. Alles zugedeckt 1 ½ Stunden auf dem Herd schmoren lassen. Nur wenn nötig, ganz wenig Wasser hinzufügen.

5. Die Olivenscheiben zu dem Kaninchen geben und 15 Minuten weiterschmoren. Mit Salz und Pfeffer abschmecken. In der Pfanne auftragen.

INVOLTINI DI VITELLO ALLA SICILIANA

Kalbfleischrouladen — sizilianische Art

Für 4 Portionen

4 EL Paniermehl
6 EL natives Olivenöl
50 g Beefsteakhack
3 EL Pinienkerne
4 EL Rosinen
4 EL geriebener Parmesankäse
1 Eiweiß
Salz, Pfeffer aus der Mühle
8 dünne kleine Kalbschnitzel (je 80 g)
1 EL Mehl
½ Glas Marsalawein (0,1 l)
3 EL Schlagsahne

1. Das Paniermehl in 3 Eßlöffeln Öl hellbraun rösten, das Beefsteakhack sowie die Pinienkerne, die Rosinen und den Käse zufügen. Alles kurz anschmoren. Vom Herd nehmen und abkühlen lassen.

2. Die Masse in einer Schüssel mit dem Eiweiß gründlich vermischen und mit Salz und Pfeffer abschmecken.

3. Die Kalbschnitzel auf der Arbeitsfläche ausbreiten, mit je einem Löffel Füllung bestreichen, aufrollen und mit einem Hölzchen zusammenstecken. Ganz leicht mit Mehl bepudern.

4. Das restliche Öl in einem Schmortopf erhitzen und die Rouladen darin unter ständigem Wenden von allen Seiten hellbraun anbraten.

5. Anschließend den Marsalawein und die Sahne in den Topf geben. Im offenen Topf weiterschmoren und dabei den Bratensaft etwas einkochen lassen. Die Kalbsrouladen zum Schluß mit der Sauce glasieren und anrichten.

Dazu servieren Sie italienisches Weißbrot und Spinat oder Brokkoli. Auch gut: Im ganzen gekochte junge Möhren.

Pinienkerne und Rosinen sind arabischen Ursprungs, Kalbfleisch und Parmesan kommen aus dem Norden Italiens und der Marsala aus Sizilien — Rouladen einmal anders: Involtini di vitello alla siciliana.

Ein Rendezvous des Nordens mit dem Süden: Kalbfleisch aus der Lombardei, Thunfisch aus dem südlichen Mittelmeer, gewürzt mit Kapern aus dem Süden Italiens. Ein ideales Essen für den Sommer: Vitello tonnato.

VITELLO TONNATO

Kalbfleisch mit Thunfischsauce

Für 12 Portionen

1 Zwiebel
1 Möhre
2 Stangen Staudensellerie
1/2 l Weißwein
1 Zweig Rosmarin
2 Lorbeerblätter
Salz
1 kg mageres Kalbfleisch (Nuß)
3 Eigelb
200 ml natives Olivenöl extra
3 – 4 EL Zitronensaft
1 EL Kapern
4 Sardellenfilets
1 Dose Thunfisch in Öl
(300 g Abtropfgewicht)
Pfeffer aus der Mühle

1. Die Zwiebel abziehen und vierteln, Möhre und Sellerie putzen, waschen und grob zerkleinern. Mit Weißwein, genausoviel Wasser, den Kräutern und Salz zum Kochen bringen.

2. Das Fleischstück in ein kochfestes Baumwolltuch wickeln und mit Küchenband verschnüren (siehe Foto). So behält das Fleisch Form und Farbe und kann in der Brühe beim Garen nicht auslaugen.

3. Das „Fleischpaket" in den kochenden Sud geben und bei kleinster Hitze etwa 1 Stunde und 30 Minuten garziehen lassen. Die Kochtemperatur ist richtig, wenn nur langsam kleine Blasen aufsteigen. Das Wasser darf nicht sprudelnd kochen.

4. Fleisch im Sud erkalten lassen. Für die Thunfischsauce Eigelb verquirlen. Mit den Quirlen des Handrührers dreiviertel des Öls im dünnen Strahl nach und nach unter das Eigelb schlagen. Die so entstandene Mayonnaise mit Zitronensaft und Salz würzen.

5. Die Kapern, die Sardellenfilets und den abgetropften Thunfisch im Mixer pürieren. Das restliche Olivenöl langsam dazugeben. Es soll eine halbflüssige, cremige Mischung entstehen.

6. Die Thunfisch-Öl-Mischung durch ein feines Sieb streichen und mit der Mayonnaise verrühren. Mit Salz und Pfeffer abschmecken. Gerät die Sauce zu fest, geben Sie etwas geschlagenes Eiweiß hinzu, das lockert auf.

7. Das abgekühlte Fleisch aus der Brühe nehmen, auswikkeln und in möglichst dünne Scheiben schneiden — das geht am besten mit einer Aufschnittmaschine.

8. Zum Servieren etwas Sauce auf eine schöne Servierplatte verteilen und darauf die Fleischscheiben anrichten. Die restliche Thunfischsauce darüber verteilen.

Ein Rezept von Claudio Berlese

◆ Vitello tonnato gehört zu den berühmtesten Gerichten der Lombardei und des Piemont. Es gibt sehr viele Variationen des Rezeptes. Wichtig für das Gelingen: Achten Sie darauf, daß alle Zutaten die gleiche Temperatur haben, möglichst Zimmertemperatur, damit die Mayonnaise nicht gerinnt. Und das Olivenöl sollte von ausgesuchter Qualität sein. Es bestimmt mit seinem Aroma ganz maßgeblich den Charakter des Gerichtes. Das Fleisch kann man schon am Vortag garen und über Nacht im Sud erkalten lassen.

CONIGLIO IN PORCHETTA

Geschmorter Kaninchenrücken mit Speck

Für 4 Portionen

4 Kaninchenrücken
grobes Meersalz (Reformhaus)
6 EL natives Olivenöl
2 Knoblauchzehen
je 1 Zweig Salbei und Rosmarin
1 Prise Dillsamen
150 g luftgetrockneter Speck
(ersatzweise Bacon)
1/2 l trockener Weißwein
Pfeffer aus der Mühle

1. Den Backofen auf 250 Grad vorheizen. Die Kaninchenrükken mit Salz einreiben und mit 4 Eßlöffel Olivenöl einpinseln. In einen Bräter legen und in den Backofen schieben. Etwa 10 Minuten hellbraun anbraten.

2. Inzwischen die Knoblauchzehen, Salbei, Rosmarin und Dillsamen grob hacken. Den Speck in Streifen schneiden. Beides mit dem restlichen Olivenöl in einer Pfanne leicht anbraten. Mit der Hälfte des Weines ablöschen und offen etwas einkochen.

3. Diesen Sud über die angebratenen Kaninchenrücken gießen. Den restlichen Wein dazugeben. Den Bräter mit Alufolie abdecken und die Kaninchenrücken 20 Minuten schmoren.

4. Den Schmorsud durch ein Sieb streichen und eventuell noch etwas einkochen. Mit Salz und Pfeffer abschmecken.

5. Die Kaninchenrücken mit der Sauce auf vorgewärmten Tellern anrichten.

Ein Rezept von Claudio Bertozi

◆ Nach dem gleichen Rezept können Sie auch Hasenrücken zubereiten. Sogar einem mageren Schweinerücken bekommt es gut, wenn er mit viel Knoblauch, Salbei und Rosmarin gegart wird. Allerdings verlängert sich die Garzeit um etwa eine halbe Stunde.

Rund um das Mittelmeer gehören die kleinen Verwandten vom Hummer zu den gesuchten Leckerbissen: Kaisergranat oder Scampi. Sanft gegrillt bewahren sie viel von ihrem Eigengeschmack.

GAMBERI ALLA GRIGLIA

Gegrillte Garnelen

Für 4 Portionen

24 große Garnelen (oder 12 kleine Hummerkrabben)
2 Knoblauchzehen
1 Bund Petersilie
1/8 l natives Olivenöl
Saft von 1 Zitrone
Oregano

1. Garnelen gründlich waschen und mit Küchenkrepp gut trockentupfen. Knoblauch abziehen und fein hacken. Petersilie hacken.

2. Das Olivenöl in eine Schüssel geben, ein paar Spritzer Zitronensaft und Knoblauch hinzufügen. Alles gut vermischen und die Garnelen darin wenden.

3. Den Grill des Backofens vorheizen. Die Krustentiere nebeneinander auf ein Backblech legen. Noch einmal mit dem abgetropften Zitronenöl bestreichen und mit etwas Oregano bestreuen. Von beiden Seiten in 10 Minuten knusprig grillen, die Schalen dürfen etwas Farbe annehmen, aber nicht verbrennen.

4. Vor dem Auftragen mit gehackter Petersilie bestreuen. Fingerschalen und reichlich Papierservietten mit auf den Tisch stellen. Dazu paßt besonders gut ein frischer Salat und Brot.

INSALATA DI PESCE

Salat aus Meeresfrüchten

Für 4–6 Portionen

1 große rote Paprikaschote
300 g kleine frische Tintenfische
1/8 l trockener Weißwein
1 Zwiebel
Salz
4 Pellkartoffeln (150 g)
300 g Tiefseekrabben
1 Glas Muschelfleisch (250 g)
je 1 Bund Petersilie
und Basilikum
3 EL Zitronensaft
1 EL Weißweinessig
1 Knoblauchzehe
Pfeffer aus der Mühle
1 Prise Zucker
5 EL natives Olivenöl extra

1. Die Paprikaschote längs halbieren und im Backofen auf dem Rost bei 250 Grad/Stufe 5 etwa 20 Minuten rösten, bis die Haut braun ist und Blasen schlägt. Schneller geht es unter dem vorgeheizten Grill. Ein feuchtes Tuch darauflegen, abkühlen lassen und abziehen.

2. Die Tintenfische sorgfältig putzen, waschen und in feine Ringe schneiden. In den kochenden Wein geben und 3 Minuten bei milder Hitze garziehen lassen. Mit dem Sud in einer Schüssel abkühlen lassen.

3. Die Zwiebel abziehen, in Scheiben schneiden und mit etwas Salz bestreuen. Die Kartoffeln schälen und in kleine Würfel schneiden. Die Krabben und das abgetropfte Muschelfleisch dazugeben. Das Paprikafleisch würfeln, Petersilie und Basilikum hacken und dazugeben. Vorsichtig mischen.

4. Zitronensaft, Essig, zerdrückte bzw. durchgepreßte Knoblauchzehe, Salz, Pfeffer und eine Prise Zucker verrühren. Das Olivenöl darunterschlagen. Über den Salat geben und vorsichtig durchheben. Etwas durchziehen lassen. Mit Brot als Vorspeise servieren.

Ein Rezept von Carlo Zoccarato

INSALATA DI CARNE CRUDA

Mariniertes Rindfleisch

Für 4 Portionen

300 g zartes, gut abgehangenes Rinderfilet
4 EL feinstes Olivenöl
200 g Parmesankäse
3 kleine schöne Steinpilze
Saft von 1/2 Zitrone
Salz, Pfeffer aus der Mühle

1. Das Rinderfilet im Tiefkühlfach etwas anfrieren lassen und anschließend mit einem scharfen Messer in hauchdünne kleine Scheiben schneiden. Jedes Scheibchen noch mit einem Fleischklopfer breitschlagen, so daß es papierdünn ist. Auf einer Platte ausbreiten. Mit der Hälfte des Olivenöls beträufeln und kurz in den Kühlschrank stellen.

2. Den Parmesankäse in kleine Bröckchen zerteilen oder grob raffeln.

3. Die Pilze sorgfältig putzen und in dünne Scheiben schneiden, und sofort mit etwas Zitronensaft beträufeln.

4. Fleisch- und Pilzscheiben abwechselnd auf vier Tellern anrichten. Mit dem restlichen Olivenöl beträufeln, salzen und mit frischgemahlenem Pfeffer bepudern. Die Käsebröckchen darüberstreuen.

◆ Dieses Rezept ist Ihnen sicher schon unter einem anderen Namen begegnet. Als „Carpaccio" gehört es heute zum Standardrepertoire der italienischen Restaurants und wird in vielen Variationen angeboten. Wirklich köstlich ist es allerdings nur, wenn bestes, gut abgehangenes Rinderfilet verwendet wird. Faustregel: Das Filet sollte mindestens vier Wochen gereift sein, bevor es verwendet wird. In der Trüffelsaison wird im Piemont eine weiße Trüffel in hauchdünnen Scheiben über dieses jahrhundertealte Fleischrezept gehobelt. Das ist natürlich die köstlichste Version.

Der Aal ist ein merkwürdiger Fisch. Er stammt aus den Tiefen der Sargassosee, treibt dann als Baby mit dem Golfstrom nach Europa und wandert die Flüsse hinauf. Dort wird er gefangen und auf viele, sehr unterschiedliche Arten zubereitet: geräuchert, gedünstet, gebraten und gegrillt.

ANGUILLA ALLA FIORENTINA

Gebackener Salbei-Aal

Für 4 Portionen

1 kg mittelgroße Aale (vom Händler häuten und ausnehmen lassen)
Salz
8 EL natives Olivenöl
2 Knoblauchzehen
einige Salbeiblätter
4 EL Paniermehl
1 Glas trockener Weißwein (0,2 l)

1. Die Aale waschen und mit Küchenkrepp trockentupfen. In kleinfingerlange Stücke schneiden. Mit Salz bestreuen und mit etwas Öl beträufeln. Den Backofen auf 200 Grad/Stufe 3 vorheizen.

2. Das restliche Olivenöl in einer flachen feuerfesten Form erhitzen, die abgezogenen Knoblauchzehen darin hellgelb braten und anschließend entfernen. Die Salbeiblätter ebenfalls kurz in dem Öl anbraten, herausnehmen.

3. Die Aalstücke in Paniermehl wenden. In das heiße Öl geben und im vorgeheizten Backofen 30 Minuten backen lassen.

4. Sowie die Aalstückchen gebräunt sind, nach und nach den Wein hinzufügen. Der Wein soll von den Aalstückchen zum Schluß ganz aufgesogen sein.

5. Die Salbeiblätter über den Aal verteilen und das Gericht in der Form servieren.

Unverzichtbar beim gebackenen Aal: Salbei. Er paßt nicht nur als Gewürz ideal zum Aal, sondern hilft auch dabei, das Fett besser zu verdauen.

CROSTINI

Sie gehören zu den schönsten Kleinigkeiten der italienischen Küche und werden in vielen Restaurants noch vor den Antipasti serviert, um dem Gast die Wartezeit bis zum Essen zu verkürzen. In ihrer einfachsten Form sind die gerösteten Weißbrotscheiben nur mit gehackten Tomaten belegt und feinem Olivenöl beträufelt. Aber auch viele Varianten vom Rezept nebenan, zum Beispiel mit Milz- oder Nierenbelag sind wirklich köstlich.

CROSTINI CON FEGATO

Geröstete Brotscheiben mit Leber

Für 4 Portionen

5 g getrocknete Steinpilze
1 mittelgroße Zwiebel
150 g Hähnchenleber
50 g Schinkenspeck
1 EL natives Olivenöl
1 EL Butter
20 g Sellerie
1 kleine Möhre
½ Bund gehackte Petersilie
½ Tasse Hühnerbrühe
etwa 3 EL Paniermehl
1 TL Zitronensaft
Salz, Pfeffer aus der Mühle

1. Die Steinpilze etwa 20 Minuten in lauwarmen Wasser einweichen. Die Zwiebel abziehen und hacken. Das Gemüse putzen, schälen und sehr fein würfeln oder hacken. Die Hähnchenleber putzen. Den Speck ebenfalls fein würfeln.

2. Olivenöl und Butter in einer Pfanne erhitzen. Die Zwiebel und den Speck darin andünsten, aber nicht bräunen. Sellerie und Möhre dazugeben und mitdünsten. Die eingeweichten und abgetropften Pilze feingehackt zugeben.

3. Nun die Leber in die Pfanne geben und etwa 3 Minuten schmoren. Herausnehmen und fein hacken. Die gehackte Leber mit der Petersilie zurück in die Pfanne geben. Die Brühe zugießen und alles offen etwa 10 Minuten bei kleiner Hitze köcheln lassen.

4. Zur Bindung Paniermehl dazugeben, bis die Mischung streichfähig ist. Zum Schluß mit Zitronensaft, Salz und Pfeffer kräftig abschmecken. Die Masse kurz abkühlen lassen.

Zum Servieren: Dünne Scheiben von frischem Weißbrot in einer Pfanne in Olivenöl goldgelb rösten. Jeweils abgetropft diagonal durchschneiden und mit der würzigen Leberfarce bestreichen.

Ein Rezept von Ireneo de Val

RISOTTO DI ASPARAGI

Spargel-risotto

Für 4 Portionen

250 g Spargel (auch Abschnitte und Bruch)
1 TL Rindfleischextrakt
1 Zwiebel
60 g Butter
200 g Avorio-Reis (man rechnet 50 g pro Person)
Salz
frisch geriebener Parmesan- oder etwas Pecorinokäse

1. Den Spargel waschen. Die Köpfe etwa daumenlang abschneiden und beiseite stellen. Die Stiele in kleine Stücke schneiden. Mit 1 Liter Wasser und dem Rindfleischextrakt zum Kochen bringen. Etwa 15 Minuten zugedeckt kochen.

2. Die Zwiebel in Würfel schneiden. Die Hälfte der Butter in einem breiten, flachen Topf erhitzen und die Zwiebelwürfel darin glasig dünsten. Den Reis dazugeben und unter Rühren glasig braten.

3. Etwa zwei Suppenkellen heiße Spargelbrühe angießen und fast vollkommen verdampfen lassen. Dann den Spargel und etwas Brühe durch ein Sieb direkt zum Reis in den Topf passieren. Das geht am besten mit einem speziellen Passiersieb (passe vite). Dabei soll der Reis immer sanft köcheln. Vorsichtig umrühren.

4. Nach etwa 10 Minuten die Spargelköpfe dazugeben. Die restliche Spargelbrühe nach und nach dazugeben, dabei möglichst oft umrühren, damit der Reis nicht ansetzt.

5. Das Risotto ist nach etwa 20 Minuten gar. Der Reis sollte aber noch „Biß" haben.

6. Zum Schluß, kurz vor dem Servieren, die restliche Butter unter das Spargelrisotto rühren. Den geriebenen Parmesankäse separat dazu reichen.

RISOTTO MILANESE

Risotto nach Mailänder Art

Für 4 – 6 Portionen

1 kleine Zwiebel
30 g Knochenmark
40 g Butter
200 g Vialone-Reis
1 l Fleischbrühe
1 Briefchen Safran
Salz
40 g frisch geriebener Parmesankäse

1. Die Zwiebel abziehen und hacken. Das Knochenmark fein hacken. Einen Teelöffel Butter und das Knochenmark in einem breiten, flachen Topf erhitzen. Die Zwiebel dazugeben und unter Wenden glasig dünsten.

2. Den Reis einstreuen und unter Rühren glasig braten. Etwa zwei Suppenkellen heiße Brühe angießen und fast vollkommen verdampfen lassen. Diesen Vorgang wiederholen, bis die Brühe aufgebraucht ist. Dabei möglichst oft umrühren, damit der Reis nicht ansetzt.

3. Kurz vor Ende der Garzeit den in etwas heißer Brühe angerührten Safran unterrühren. Mit Salz abschmecken.

4. Die restliche Butter und die Hälfte des Parmesankäses unter den Reis rühren. Den restlichen Käse dazu servieren.

RISOTTI

Diese saftigen Reisgerichte spielen in der Küche Norditaliens, also in der Lombardei und Venetien, eine wichtige Hauptrolle. Ein Risotto wird entweder, wie die Pasta, als erster Gang eines Menüs vor dem Fleisch serviert oder als Beilage zum Fleisch gegessen. Ebenso wie Nudeln sollen auch die runden Körner des Vialone- oder Avorioreis noch „Biß", also einen kleinen harten Kern haben. Und vor allem soll ein Risotto saftig, also noch etwas flüssig sein. Wichtigste Zutaten: eine gute Brühe und Geduld.

ARANCINE DI RISO

Ausgebackene Reisbällchen — sizilianische Art

Für 4 Portionen
— etwa 20 Reisbällchen

300 g Rinderhack, ersatzweise gemischtes Hack
100 g Hühnerfleisch
1 kleine Zwiebel
1 Stange vom Bleichsellerie
4 getrocknete Salbeiblätter
1/4 TL Oregano
1/8 l natives Olivenöl
Salz, Pfeffer aus der Mühle
150 g gekochte junge Erbsen
500 g Rundkornreis (Avorio)
150 g frisch geriebener Parmesankäse
4 Eier
2 EL Mehl
100 g Semmelbrösel
Olivenöl zum Ausbacken

1. Das Rinderhack, das kleingeschnittene Hühnerfleisch, die in Würfel geschnittene Zwiebel und den in feine Scheibchen geschnittenen Stangensellerie mit den zerriebenen Salbeiblättern und dem Oregano in einen Schmortopf geben.

2. Mit dem Olivenöl übergießen und unter Rühren anbraten. Mit Salz und Pfeffer bestreuen und bei sanfter Hitze eine Stunde garschmoren. Zwischendurch immer wieder mit einem Holzlöffel umrühren, damit das Fleisch nicht ansetzt. Zum Schluß die Erbsen darunter-mischen.

3. In der Zwischenzeit den Reis in reichlich Salzwasser in etwa 12 bis 15 Minuten körnig weich kochen. Auf einem Sieb gut abtropfen lassen und in eine Schüssel geben. Parmesankäse und 2 Eier darunterrühren. Vollständig erkalten lassen.

4. Einen Löffel Reis in eine leicht angefeuchtete Hand nehmen, eine Delle hineindrücken und etwas von der Fleischfüllung hineingeben. Einen zweiten Löffel Reis darübergeben, andrücken. Zu

einer Kugel in der Größe einer mittleren Orange formen.

5. Reichlich Olivenöl in einem Topf oder in einer Friteuse erhitzen.

6. Die Reisbällchen zuerst in Mehl, dann in den leicht verschlagenen Eiern und zum Schluß in Semmelbröseln wenden.

7. Die Reisbällchen in dem sehr heißen Öl bei 180 Grad goldgelb backen. Ist das Fett nicht heiß genug, werden die Bällchen zu fett. Die Kugeln portionsweise fritieren, damit das Fett nicht zu stark abkühlt. Mit einem Schaumlöffel aus dem Fett herausnehmen und auf einer dicken Schicht Küchenpapier abtropfen lassen.

◆ Hübsch sieht es aus, wenn jedes Reisbällchen mit einem eingesteckten Lorbeerblatt garniert wird, um ihm das Ausssehen einer kleinen Orange zu geben. Für dieses typisch sizilianische Gericht arabischen Ursprungs können Sie ruhig auch einfachen Milchreis verwenden, denn die Kugeln halten besonders gut zusammen, wenn eine klebrige Reissorte verwendet wird. Als Füllung eignen sich auch Reste von gebratenem Geflügel, Kaninchen oder Rindfleisch. Geschmorte Pilze oder Geflügelleber passen ebenfalls vorzüglich in die Arancine di riso.

Die alten Griechen haben den Wein und die Oliven in Europa heimisch gemacht. Und Kräuter kultiviert, die heute aus der europäischen Küche nicht mehr wegzudenken sind. Doch an den Küsten und auf den vielen Inseln stehen – heute wie damals – variantenreiche Fischgerichte im Mittelpunkt.

HERZHAFTES MIT EINEM HAUCH ORIENT

GRIECHENLAND

Ja, früher war alles besser — da mußte man auch nicht ewig von früher reden", dieser Stoßseufzer mag sich so mancher Schülerbrust entringen, wenn der herzhaft unbeliebte Altphilologe eine seiner Belehrungen einleitet mit dem Satz: „Wie schon die alten Griechen . . .", um dann entweder den Verfall der Sitten zu beklagen oder darauf hinzuweisen, daß die alten Griechen sowieso schon alles wichtige erfunden, erdacht und errungen hätten, worauf wir heute so stolz sind.

Und die Griechen hatten ja wirklich den Wein und die Olive in Europa heimisch gemacht; Kräuter kultiviert, die auch heute nicht aus unserer Küche wegzudenken sind — ob Salbei oder Thymian, Kümmel oder Rosmarin, Ingwer, Lorbeer oder Safran. Und gegen die Völlerei hatten sie auch schon die ersten Diätkochbücher verfaßt. Sie wußten nicht nur um die geschmacklichen Geheimnisse der Würzpflanzen, auch um deren Heilkräfte: Thymian hilft Fett verdauen, Salbei beruhigt den verkorksten Magen und Kümmel wirkt gut bei Blähungen.

Die Küche des heutigen Griechenlands ist wie alle Küchen des Mittelmeerraumes eine sehr handfeste und bäuerliche. Die Zutaten behalten ihren unverfälschten Eigengeschmack. Ein Umstand, der nach Brillat-Savarin die Feinschmeckerküche von der Sattwerdeküche unterscheidet.

Drei Dinge sind unerläßlich in der griechischen Küche: Knoblauch, Zitronen und Olivenöl. Zitronen werden hier so gebraucht wie die Tomaten in Italien. Im Verbrauch von Öl sind die Griechen Weltmeister: 20 Liter werden jährlich pro Kopf konsumiert.

Die griechische Küche ist eine Küche der Regionen. Ganz natürlich wird an den Küsten — und davon hat Griechenland dank seiner vielen Inseln reichlich —

anders gegessen als im fruchtbaren Thrakien und Makedonien oder in der Gebirgswelt des Epirus. Wie in Spanien die „Tapas“ zum Sherry, nimmt man auch in Griechenland gern zum Ouzo — dem typischen Anisschnaps — kleine Häppchen zu sich, die „Mesethes“ oder „Mezes“. Das können die von Kennern besonders geschätzten griechischen Oliven sein oder kleine gefüllte Weinblätter. Auch „Pittes“, gefüllte Pastetchen, oder Tomaten mit Fleischbällchen, Schafskäse, Nüssen und vieles mehr werden als „Mezes“ serviert.

Typisch in der echt griechischen Taverne ist das Fehlen der Speisekarte. Die wird meistens ersetzt durch neugieriges Topfgucken direkt am Ort des Geschehens, wo man sich sein Menu ganz nach Lust und Laune, ohne orthodoxe Regeln, zusammenstellt. Da finden sich Kohlrouladen und Gemüsetopf mit Artischocken, gefüllte Zucchini oder eine ordentliche Portion „Moussaka“, Auberginen-Hack-Auflauf neben „Souvlakia“, kleinen Spießchen mit Lammfleisch oder „Stifado“, geschmortem Rindfleisch.

Hat man sich vielleicht zum „Inselhüpfen“ entschlossen, sollte man keinesfalls eines der variantenreichen Fischgerichte versäumen, ob eine frischgegrillte Rotbarbe, Garnelen mit Schafkäse oder den Fischtopf „Burdéto“, der wahlweise mit Stockfisch oder frischem Fisch zubereitet werden kann.

Nach Südfrankreich weist die Fischsuppe „Kakavia“ aus Salamis (Sie wissen schon: die Schlacht!), die sich rühmt, die Urform der „Bouillabaisse“ zu sein. Keine abwegige Theorie, wenn man bedenkt, daß Marseille immerhin eine griechische Gründung ist.

Also: Wenn Sie das Land der Griechen nicht nur mit der Seele, sondern auch mit dem Gaumen suchen wollen — die folgenden Rezepte bieten eine appetitliche Auswahl.

Meze, die üppige Auswahl von Vorspeisen gehört zu den schönsten Bestandteilen eines griechischen Menüs. Beim Essen wird viel geredet und oft genug auch mehr als nur ein Glas vom Ouzo, dem griechischen Anisschnaps, getrunken.

AGINÁRES SALÁTA

Salat von jungen Artischocken

Für 4 Portionen

8 Artischocken (am besten eine kleine, schlanke Sorte)
Saft von 2 Zitronen
5 EL natives Olivenöl extra
Pfeffer aus der Mühle

1. Von den Artischocken den Stiel bis auf 4 cm kürzen und die harten äußeren Blätter entfernen. Die harten Spitzen der zarten inneren Blätter abschneiden. Das geht am besten mit der Küchenschere. Mit einem Teelöffel die Blütenfäden in der Mitte der Artischocken herauslösen.

2. Den Boden von einem flachen, weiten Topf etwa 2 fingerbreit mit Salzwasser bedecken und das Wasser (je nach Topfgröße etwa ¼ bis ½ Liter) zum Kochen bringen. Den Saft von 1 Zitrone und 1 Eßlöffel Olivenöl dazugeben und die Artischocken hineinlegen.

3. Das Gemüse zugedeckt bei schwacher Hitze etwa 30 Minuten dünsten. Gut abgetropft etwas abkühlen lassen.

4. Den Saft der zweiten Zitrone in eine Schüssel geben. Das restliche Olivenöl nach und nach darunterschlagen. Die Sauce mit Pfeffer würzen und über die Artischocken gießen.

◆ Die für dieses Rezept benötigten ganz jungen Artischocken gibt es hierzulande nur eine kurze Sommersaison lang. Und selbst dann sind sie nicht überall zu haben. Leider, denn ihre großen Schwestern sind nicht zart genug für den Salat. Deshalb sollten Sie notfalls zu Artischockenherzen oder -böden aus Glas oder Dose greifen. Die brauchen natürlich nicht gedünstet zu werden. Damit sie das Aroma von Öl und Zitronensaft trotzdem aufnehmen können, sollten Sie alles mischen und dann etwa 30 Minuten durchziehen lassen.

DOLMĂDÁKIA

Gefüllte Weinblätter

Für 4 Portionen

150 g frische Weinblätter (oder eingelegte), Salz
500 g Zwiebeln
3 Lauchzwiebeln
2 Bund Dill
3 Blätter frische Minze
10 EL natives Olivenöl
125 g Reis (über Nacht in Wasser eingeweicht)
Pfeffer aus der Mühle
1 Prise Zucker
Saft von 1 Zitrone

1. Von den frischen Weinblättern den Stiel abschneiden. Die Blätter abspülen, aufeinanderlegen und 5 Minuten in kochendes Salzwasser geben. Zum Abtropfen auf ein Sieb geben. (Eingelegte Weinblätter nur abspülen und dann zum Trocknen auf Küchenkrepp ausbreiten.)

2. Die Zwiebeln fein würfeln und mit 1/8 Liter Wasser bei schwacher Hitze so lange kochen, bis alle Flüssigkeit aufgenommen worden ist. Die Lauchzwiebeln in feine Ringe schneiden. 1 Bund Dill und Minze hacken.

3. Unter die gekochten Zwiebeln die Hälfte des Olivenöls, die Lauchzwiebeln, Dill, Minze, den abgetropften Reis, Salz, Pfeffer und etwas Zucker mischen.

4. Die Weinblätter mit der Unterseite nach oben nebeneinander auslegen. Je 1 Eßlöffel Füllung daraufgeben. Die Seiten darüberschlagen und das Weinblatt jeweils wie eine Zigarre fest aufrollen.

5. Den Boden eines Schmortopfes mit den restlichen Dillstengeln belegen und darauf dicht nebeneinander und übereinander die Weinblattröllchen schichten.

6. Zitronensaft, das restliche Olivenöl und 1/8 Liter Wasser darübergeben. Zum Beschweren einen Porzellanteller auf die Röllchen setzen.

7. Die gefüllten Weinblätter im geschlossenen Topf bei schwacher Hitze etwa 1 Stunde gardünsten. Die Flüssigkeit ist zum Schluß vollkommen aufgesogen. Es ist also wichtig, einen gut schließenden Topf zu verwenden und bei geringer Temperatur zu garen, sonst verdampft die Flüssigkeit zu schnell.

Die gefüllten Weinblätter werden lauwarm oder kalt serviert.

◆ Dolmădákia gehören zu den klassischen griechischen Vorspeisen. Die zarten Weinblätter werden nur im Frühjahr gesammelt. Man kann auch eingelegte, konservierte Weinblätter nehmen; es gibt sie abgepackt in den Lebensmittelabteilungen größerer Kaufhäuser und natürlich in vielen griechischen und türkischen Läden.

PIPERIÉS PSITÉS

Paprikaschoten in Knoblauchöl

Für 4 Portionen

3 rote längliche Paprikaschoten
2 Knoblauchzehen
3 EL natives Olivenöl extra
1 EL Weinessig
Salz, Pfeffer aus der Mühle

1. Die Paprikaschoten waschen. Nebeneinander auf den Backofenrost legen. In den vorgeheizten Backofen schieben und bei 250 Grad/Stufe 5–6 etwa 30 Minuten backen.

2. Die Paprikaschoten sind fertig zum Schälen, wenn sie braun sind und die Haut sich in Blasen ablöst. Die Haut abziehen, das Kerngehäuse entfernen und das Fruchtfleisch in Streifen schneiden.

3. Die Knoblauchzehen abziehen, kleinschneiden und mit Olivenöl, Essig, Salz und Pfeffer in einer Schüssel verrühren. Die Paprikastreifen hineingeben und darin wenden. Bis zum Servieren kaltstellen. Mit Brot als Vorspeise servieren. Die Paprikaschoten passen auch gut auf eine gemischte Vorspeisenplatte!

◆ Falls Sie die Paprika längere Zeit aufheben wollen (sie halten sich bis zu einer Woche), müssen die Schoten mit Öl bedeckt sein. Sonst schimmeln sie leicht.

OKTAPÓDI TOURSÍ

Eingelegter Tintenfisch

Für 4 Portionen

1 Tintenfisch (Polyp) von etwa 750 g
3 EL natives Olivenöl extra
100 ml Weißweinessig
Pfeffer aus der Mühle, Salz

1. Den Tintenfisch putzen: Den Beutel, die Augen und den Knorpel in der Mitte entfernen. Die „Arme" gründlich abspülen.

2. Den Tintenfisch mit 100 ml Wasser in einen Topf geben. Zugedeckt bei milder Hitze in etwa 2 Stunden weichkochen. Mit einer Gabel einstechen, um den Garpunkt zu prüfen.

3. Das Öl tropfenweise unter den Essig rühren. Dann den Kochsud darunterrühren. Mit Pfeffer und Salz würzen.

4. Den weichgekochten Tintenfisch in Stücke schneiden und in eine Schüssel füllen. Die Essigsauce darübergießen. Die Tintenfischstücke sollen gerade mit der Flüssigkeit bedeckt sein. Zugedeckt mindestens zwei Tage im Kühlschrank stehen lassen und dann als Vorspeise servieren.

◆ Ob Sie die Haut vom Tintenfisch abziehen oder nicht, ist Geschmacksache. Es geht jedenfalls nach dem Kochen ganz einfach. Manche Griechen tun's, andere nicht. Übrigens: Wer's eilig hat, kann eventuell statt des — bei uns schwer erhältlichen — frischen Polyps auch tiefgefrorene Tintenfischringe (unpaniert!) verwenden.

Griechenland — das heißt viele tausend Kilometer Küste. In die Töpfe wandert alles, was schwimmen kann, ob fritiert, gegrillt oder gekocht. Besonders beliebt als Vorspeise: eingelegter Tintenfisch.

Fleisch ist rar im kargen Griechenland, Gemüse dagegen gibt's in Hülle und Fülle. Eine beliebte Methode, das seltene Fleisch zu strecken, ist das Füllen von Gemüse. Hier: Zucchini mit Hackfleisch und Zitronensauce.

KOLOKITHÁKIA JEMISTÁ

Gefüllte Zucchini mit Hackfleisch

Für 4 Portionen

1 Zwiebel
300 g Rinderhack
3 EL Olivenöl
1 Glas Weißwein
Salz, Pfeffer aus der Mühle
4 Zucchini (etwa 1 kg)
8 EL Reis (150 g)
2 EL natives Olivenöl
1/4 l Fleischbrühe (Instant)
2 Eier
4 EL Zitronensaft

1. Die Zwiebel würfeln und zusammen mit dem Hackfleisch im heißen Olivenöl unter häufigem Wenden anbraten. Den Weißwein und 1/8 Liter heißes Wasser dazugießen. Leicht salzen, pfeffern und bei schwacher Hitze 30 Minuten im offenen Topf schmoren, bis keine Flüssigkeit mehr vorhanden ist.

2. Inzwischen von den Zucchini der Länge nach einen Deckel abschneiden. Die untere Hälfte bis auf einen halben Zentimeter Rand (siehe Foto) aushöhlen. (Das ausgehöhlte Fruchtfleisch für ein Zucchini-Omelett aufheben — siehe Rezept unten rechts.)

3. Den Reis unter das geschmorte Hack rühren und noch 3 Minuten weiterschmoren.

4. Die Zucchini mit der Hackfleischmasse füllen und jeweils mit dem Zucchinideckel zudecken. Nebeneinander in eine ofenfeste Kasserolle setzen. Das Olivenöl darüber träufeln, die Fleischbrühe angießen.

5. Die Form im auf 180 Grad/Stufe 2 vorgeheizten Backofen etwa 1 Stunde schmoren.

6. Für die Zitronensauce die Eier trennen. Eiweiß steifschlagen und die Eigelbe einzeln darunterrühren. Nun den Zitronensaft unter Rühren dazugeben. Zum Schluß 4 Eßlöffel vom heißen Schmorsud zufügen.

7. Die Sauce über die fertigen Zucchini in die Kasserolle gießen. Die Form etwas schwenken, damit sich die Sauce gut mit dem Schmorsud vermischt.

OMELÉTTA MÉ KOLOKITHÁKIA

Zucchini-Omelett

Für 4 Portionen

Zucchini-Fruchtfleisch
(Reste von den gefüllten Zucchini, siehe Rezept links oben)
Salz
2 Lauchzwiebeln
1 Bund glatte Petersilie
3 EL Olivenöl
4 Eier
Pfeffer aus der Mühle
2 EL geriebener Schafkäse

1. Das Zucchinifleisch grob hacken, mit Salz bestreuen und 30 Minuten stehen lassen, damit das Fleisch Wasser zieht. Danach mit kaltem Wasser abspülen, gut abtropfen lassen und kräftig mit den Händen ausdrücken.

2. Die Lauchzwiebeln putzen und in feine Ringe schneiden. Die Petersilie hacken.

3. Olivenöl in einer Pfanne erhitzen. Zucchinifleisch, Zwiebeln und die Petersilie in die Pfanne geben. 5 Eßlöffel Wasser hinzufügen. Alles bei schwacher Hitze solange dünsten, bis keine Flüssigkeit mehr vorhanden ist.

4. Die Eier schaumig schlagen, leicht salzen und pfeffern und über das Gemüse gießen. Die Pfanne zudecken und alles etwa 5 Minuten bei milder Hitze stocken lassen. Den Deckel dabei nicht abheben.

5. Das Omelett mit Schafkäse bestreut servieren.

KOLOKITHÓPITTA

Zucchini-Auflauf

Für 6 Portionen

1 kg kleine, feste Zucchini
200 g milder Schafkäse
5 Eier
3 EL natives Olivenöl
Olivenöl für die Form
Pfeffer aus der Mühle
2 EL Milch

1. Die Zucchini waschen und grob raspeln. Die Raspel mit den Händen gründlich ausdrükken; sie sollten so trocken wie möglich sein.

2. Den Schafkäse fein zerbrökkeln und mit der Zucchinimasse vermischen. 4 Eier mit dem Öl verquirlen und darunterrühren. Mit Pfeffer würzen.

3. Eine flache Auflaufform (etwa 28 cm Ø) einölen und die Zucchinimasse hineinfüllen. Das restliche Ei mit der Milch verschlagen und gleichmäßig über die Zucchinimasse gießen.

4. Den Auflauf in den auf 190 Grad/Stufe 2–3 vorgeheizten Backofen schieben und in etwa 45–50 Minuten goldbraun backen. Dieser Gemüseauflauf schmeckt warm und kalt als Vorspeise. Mit Salat und Brot als Beilage wird ein Hauptgericht daraus.

REVITHIÁ

Kichererbsen-Suppe

Für 4 Portionen

350 g Kichererbsen
Salz
1/2 TL Soda (Apotheke)
1 Bund Petersilie
2 Zwiebeln
5 EL natives Olivenöl extra
Saft von 1–2 Zitronen

1. Die Kichererbsen mit etwa 1 1/2 Liter Wasser über Nacht, mindestens aber acht Stunden, einweichen. Am nächsten Morgen abgießen. Mit frischem Wasser und Soda weitere 30 Minuten weichen lassen. Danach auf ein Sieb geben und abspülen.

2. Die abgetropften Kichererbsen auf ein Backblech geben und mit einer Flasche darüberrollen — so löst sich die dünne Schale. Die Kichererbsen in eine Schüssel mit Wasser schütten. Die oben schwimmenden Schalen können so leicht entfernt werden.

3. Nun die Kichererbsen mit Wasser bedeckt zum Kochen bringen. Den auftretenden Schaum abschöpfen. Die Erbsen bei schwacher Hitze in etwa 2 Stunden weichkochen. Die Petersilie hacken, die Zwiebel in feine Ringe schneiden.

4. Öl, Salz und Zitronensaft verschlagen und mit den fertig gegarten Kichererbsen mischen.

5. Petersilie und Zwiebelringe vermischen und auf 4 Teller verteilen. Die Kichererbsen darüber geben.

◆ Ungefähr einmal in der Woche kommen Hülsenfrüchte auf den griechischen Tisch. Die gastfreundlichen Griechen rechnen eine Handvoll Kichererbsen pro Person und eine zusätzliche Handvoll für einen eventuellen Gast. Getrocknete Kichererbsen bekommen Sie in griechischen und türkischen Lebensmittelgeschäften und inzwischen auch in allen gutsortierten Supermärkten im „Exoten“-Regal.

PIPEIÉS TIGANITÉS

Gebratene Peperoni

Für 4 Portionen

12 milde grüne Peperoni (etwa 250 g)
8 EL Olivenöl
3 EL milder Weißweinessig

1. Die Schoten waschen und gut abtrocknen.

2. Das Olivenöl in einer großen Pfanne erhitzen. Die ganzen Peperoni in die Pfanne geben. Die Hitze etwas reduzieren und die Schoten rundherum anbraten.

3. Aus der Pfanne nehmen und sofort mit Essig beträufeln.

JÜVÉTSI

Lammfleischtopf

Für 4 Portionen

1 kg Lammfleisch (Keule oder Schulter)
750 g vollreife Tomaten (oder 1 Dose geschälte Tomaten von 500 g)
1 Zwiebel
1 Knoblauchzehe
4 EL Olivenöl
2 Lorbeerblätter
Salz, Pfeffer aus der Mühle
400 g kleine reiskornförmige Nudeln (gibt's in türkischen Läden)
3 EL frisch geriebener Hartkäse (z. B. Parmesan)
1 EL Butter

1. Das Fleisch in etwa 5 cm große Stücke schneiden.

2. Die Tomaten mit kochendem Wasser überbrühen, abziehen, Kerne entfernen und das Fruchtfleisch grob hacken. Geschälte Tomaten aus der Dose abtropfen lassen und ebenfalls grob hacken. Die Zwiebel und die Knoblauchzehe abziehen.

3. Die Zwiebel würfeln und in Öl glasig dünsten. Tomaten, durchgepreßte Knoblauchzehe, Lorbeerblätter, Salz und Pfeffer dazugeben. Vorsichtig umrühren und alles im offenen Topf etwa 10 Minuten köcheln lassen.

4. Die Fleischstücke leicht salzen, pfeffern und in einen gewässerten Tontopf geben. Die Tomatensauce und etwa ¼ Liter heißes Wasser dazugeben. Das Fleisch sollte mit genügend Flüssigkeit bedeckt sein.

5. Den Tontopf zugedeckt in den kalten Backofen schieben. Auf 200 Grad/Stufe 3 schalten und das Fleisch etwa 1½ Stunden schmoren. Es sollte weich und mürbe sein.

6. Nach etwa 1 Stunde die Nudeln zum Fleisch in den Tontopf geben und etwa ¼ Liter heißes Wasser angießen, umrühren. Offen weitergaren. Am Schluß sollte die gesamte Flüssigkeit ziemlich eingekocht und von den Nudeln aufgenommen worden sein.

7. Das Fleischgericht mit Salz und Pfeffer abschmecken. Mit Käse bestreuen und Butterflöckchen obendrauf setzen. Noch 5 Minuten im Backofen überbacken.

◆ Das Gericht wird in Griechenland in einem Tontopf, dem sogenannten „Jüvétsi", im Backofen geschmort. Bei uns kann es natürlich der sogenannte „Römertopf" sein. Statt Lammfleisch kommt auch Kalb- oder Rindfleisch in Frage. Lammfleisch spielt in der griechischen Küche eine große Rolle. Besonders zu Ostern ist „Lamm am Spieß" oder „Lamm mit Kartoffeln aus dem Backofen" aus dem Festessen nicht wegzudenken.

TZATZÍKI

Gurkensalat mit Joghurt

Für 4 Portionen

500 g Sahnejoghurt oder Sahnequark
4–6 Knoblauchzehen
Salz
Pfeffer aus der Mühle
1 Salatgurke (500 g)

1. Joghurt mit den durchgepreßten Knoblauchzehen, Salz und Pfeffer verrühren.

2. Gurke schälen und grob raspeln oder in sehr feine Würfel schneiden. Mit dem Joghurt mischen.

◆ Auch wer nie in Griechenland war, kennt mindestens eine Version dieses Salates. In Restaurants in Deutschland wird allerdings häufig statt Joghurt Quark verwendet. Der Grund: Griechischer Joghurt ist erheblich fetter und cremiger als deutscher. Eine Mischung aus Joghurt und Crème fraîche zu gleichen Teilen kommt dieser Qualität am nächsten. Die Knoblauchmenge liegt zwischen 1 und 10 Zehen.

BARBÚNIA

Gebratene Rotbarben

Für 2 Portionen

6 küchenfertige Rotbarben
à etwa 120 g
Salz, Pfeffer aus der Mühle
etwas Mehl zum Wenden
etwa ¼ l Olivenöl zum Braten
2 Zitronen

1. Die Fische waschen und mit Küchenkrepp sehr sorgfältig trockentupfen. Salzen und pfeffern.

2. Das Olivenöl in einer großen, hochwandigen Pfanne erhitzen. Die Rotbarben in Mehl wenden, überflüssiges Mehl leicht abklopfen und den Fisch in das sehr heiße Öl geben. Auf jeder Seite 2 Minuten goldbraun braten.

3. Die heißen, knusprig gebratenen Fische sofort mit Zitronenspalten auf vorgewärmten Tellern servieren.

Als Beilage gibt es entsprechend der Jahreszeit entweder „Hórta" oder „Choriátiki saláta".

◆ „Hórta" sind die vom Spätherbst bis zum Frühjahr auf den Feldern und Bergen gesammelten wilden Kräuter (wie z.B. Löwenzahn). Die „Hórta" werden sehr gründlich gewaschen und in einem großen Topf mit kochendem Wasser kurz blanchiert – oder je nach Kräutersorte – einige Minuten gekocht. Abgetropft kommen sie auf einen Teller, darüber nur etwas Olivenöl und Zitronensaft. Der sogenannte „Bauernsalat" (Choriátiki saláta) besteht hauptsächlich aus Tomaten, den braunschwarzen Oliven, Schafkäse, Salz und Pfeffer, etwas Oregano, gutem Olivenöl und Zwiebelscheiben. Die Tomaten je nach Größe in Viertel oder Achtel schneiden und in eine Schüssel geben. Darüber die Gewürze sowie das Öl und Essig. Obenauf kommen einige Zwiebelringe, Oliven und Schafkäsestückchen. Man kann den Salat auch mit Paprikastreifen, Gurkenscheiben und einigen Kapern verfeinern.

BURDÉTO

Fischeintopf

Für 4 Portionen

1 kg Kartoffeln
(festkochende Sorte)
2 Zwiebeln
4 EL Olivenöl
1 EL Tomatenmark
1 Prise Cayennepfeffer
Salz
2 Lorbeerblätter
1 TL Paprikapulver (edelsüß oder scharf nach Geschmack)
750 g Kabeljaufilet
Pfeffer aus der Mühle

1. Die Kartoffeln schälen und in dünne Scheiben schneiden. Die Zwiebeln abziehen und in dünne Ringe schneiden.

2. Das Olivenöl in einer flachen, weiten Kasserolle erhitzen und die Zwiebelscheiben darin glasig dünsten.

3. Tomatenmark mit etwa 100 ml heißem Wasser verrühren und zu den Zwiebeln in die Kasserolle gießen. Cayennepfeffer, Salz und Lorbeerblätter dazugeben. Zum Kochen bringen.

4. Die Kartoffeln hinzufügen, mit Paprika bestäuben. Alles zugedeckt etwa 5 Minuten bei kleiner Hitze kochen.

5. Den Fisch in Portionsstücke zerteilen und auf die Kartoffeln legen. Leicht salzen, pfeffern und zugedeckt 20 Minuten weitergaren, bis der Fisch gar und die Kartoffeln weich sind.

◆ Bei diesem Fischgericht darf Paprikapulver nicht fehlen. Burdéto wird mit einem Fisch, der weißes, festes Fleisch hat, zubereitet – oder mit Stockfisch. Falls Sie den Eintopf mit getrocknetem Fisch ausprobieren wollen: Stockfisch häuten, entgräten und die Fischstücke für 24 Stunden in Wasser legen. Während dieser Zeit das Wasser 5 mal erneuern. Danach den Stockfisch gut abtropfen lassen und noch vorhandene Gräten entfernen. Dann so weiterverarbeiten wie in diesem Rezept beschrieben.

FASSOLÁKIA LADERÁ

Bohnengemüse mit Thymian und Tomaten

Für 4 Portionen

1 kg zarte grüne Bohnen
2 Zwiebeln
4 EL Olivenöl
etwa 1 Bund Thymian oder
2 TL getrockneter Thymian
500 g Tomaten
Salz, Pfeffer aus der Mühle

1. Die Bohnen waschen und putzen. Die Zwiebeln in Scheiben oder in Würfel schneiden.

2. Das Olivenöl in einem Schmortopf erhitzen und die Zwiebeln darin hellgelb rösten. Die ungebrochenen Bohnen und den Thymian hinzufügen.

3. Die Tomaten brühen, die Haut abziehen und das Fruchtfleisch in Viertel schneiden, dabei das harte gelbe Mark zurücklassen. Zu den Bohnen geben. Mit Salz und Pfeffer würzen und knapp $^{1}/_{8}$ Liter Wasser darübergießen. In 30 Minuten im zugedeckten Topf garschmoren lassen.

◆ In Griechenland werden die Bohnen als Beilage oder Vorspeise lauwarm serviert.

MELITSANOSALÁTA

Auberginen-Salat

Für 4 Portionen

2 große Auberginen (ca. 800 g)
1 Zwiebel
6 EL natives Olivenöl extra
Salz, Pfeffer aus der Mühle

1. Die Auberginen mit einer Gabel mehrfach einstechen. Im Backofen bei 250 Grad/Stufe 5 so lange erhitzen, bis die äußere Haut fast verkohlt ist.

2. Das weiche Auberginenmark vorsichtig mit einem Eßlöffel aus der gerösteten Haut herauskratzen.

3. In der Küchenmaschine oder mit dem Mixstab pürieren und in eine Schüssel geben. Die feingewürfelte Zwiebel und das Öl hinzufügen und zu einer glatten Paste verrühren. Mit Salz und Pfeffer abschmecken.

4. Das Püree 1–2 Stunden kaltstellen. Vor dem Anrichten auf Weißbrotscheiben streichen oder in frische Tomaten füllen.

◆ Dieser Auberginen-Salat ist eigentlich wie sehr viele andere Gerichte, die dort „Salat" heißen, ein Püree und gehört in Griechenland ebenso wie in griechischen Restaurants bei uns zum klassischen Vorspeisen-Repertoire.

SAGANÁKI

Gebratener Käse

Für 4 Portionen

250 g griechischer Hartkäse, ersatzweise Emmentaler oder Schafkäse (Feta)
Mehl zum Wenden
4 EL Olivenöl
Saft von 1 Zitrone

1. Den Käse in fingerdicke Scheiben schneiden. Kurz in Wasser tauchen und anschließend sofort in Mehl wenden. Überschüssiges Mehl abklopfen.

2. Olivenöl in einer Pfanne stark erhitzen. Die Käsescheiben hineingeben und auf beiden Seiten knusprig braten.

3. Die Käsescheiben abtropfen lassen. Sofort mit Zitronensaft beträufeln und servieren.

◆ Saganáki bedeutet „Pfännchen mit Henkel". Darin wird der Käse in Griechenland traditionell gebraten und kommt oft auch so direkt vom Herd auf den Tisch.

AGINÁRES ALÁ POLÍTA

Gemüseeintopf mit Artischocken

Für 4 Portionen

8 Artischocken
Saft von 1 Zitrone
3 Möhren
8 Schalotten
8 kleine Kartoffeln
3 Lauchzwiebeln
1 Bund Dill
6 EL natives Olivenöl
1 EL Mehl
Salz, Pfeffer aus der Mühle
Saft von $1^{1}/_{2}$ Zitronen
100 g Butter

1. Von den Artischocken den Stiel bis auf 4 cm kürzen und ringsherum die dunkelgrünen harten Außenblätter abschneiden, bis die grünlich-gelben, zarten Blätter erscheinen.

2. Die obere Hälfte der Artischocke mit einem scharfen Messer oder einer Küchenschere abschneiden und von innen die kleinen Fädchen mit einem Teelöffel herausschaben. Die geputzten Artischocken mit Zitronensaft beträufeln, in eine Schüssel mit Wasser geben, damit sie sich nicht verfärben.

3. Die Möhren waschen, putzen und jeweils längs vierteln. Die

Schalotten abziehen. Die Kartoffeln schälen und waschen. Die geputzten Lauchzwiebeln in 3 cm lange Stücke schneiden. Den Dill kleinschneiden.

4. Das Öl in einem großen, weiten Topf erhitzen. Möhren, Schalotten, die im ganzen gelassenen Kartoffeln und die Lauchzwiebelstücke hinzufügen. Das Mehl darüberstäuben und alles unter Rühren leicht anbraten.

5. Etwa ¼ Liter heißes Wasser hinzufügen und die vorbereiteten Artischocken mit dem Stiel nach oben in die Form geben. Salzen und pfeffern. Zitronensaft, Dill sowie die Butter in Flöckchen darüber verteilen. Das Gericht soll knapp zu Dreiviertel mit Flüssigkeit bedeckt sein. Sonst noch zusätzlich Wasser darübergießen.

6. Ein Marmorküchenbrett oder einen Teller mit einem Gewicht zum Beschweren auf das Gemüse legen. Zugedeckt bei kleiner Hitze in etwa 1 Stunde weichkochen. Während des Kochens nicht umrühren! Die Artischocken, aber auch die anderen Gemüsesorten sind dann weich und die Flüssigkeit ist fast völlig verdampft.

Der Eintopf wird in Griechenland — wie fast jedes andere Gericht auch — lauwarm serviert. Schafkäse, schwarze Oliven und frisches Brot kommen gleichzeitig auf den Tisch. Und jeder nimmt sicht davon, was er gerade am liebsten mag.

◆ Wie die Rezepte auf diesen Seiten zeigen, sind die Griechen — noch mehr als ihre Nachbarn in anderen Ländern rund ums Mittelmeer — Meister im Kreieren von Gemüsegerichten. Das hat seinen Grund: Fleisch ist im Land der Götter eine rare Spezialität, die nur zu besonderen Gelegenheiten auf den Tisch der Taverne oder der Familie kommt. Stattdessen wird vor allem Fisch frisch aus dem Meer — und Gemüse frisch vom Feld genossen. Beides ist relativ preiswert, belastet den Magen auch bei dem in Griechenland oft extrem heißen Klima nicht und läßt sich ebenso einfach wie raffiniert zubereiten.

MÚSAKÁ

Auberginen-Auflauf

Für 4 – 6 Portionen

2 große Auberginen (800 g)
Salz
2 Zwiebeln
etwa 1/4 l Olivenöl
750 g Lammhack
2 EL Tomatenmark
2 Lorbeerblätter
1 Prise Zimt
Pfeffer aus der Mühle
5 EL Butter (75 g)
4 gestrichene EL Mehl (40 g)
1/2 l Milch
4 Eier
1 Prise geriebene Muskatnuß
etwa 100 g frisch geriebener Parmesankäse
1 kg große Kartoffeln
4 EL Paniermehl

1. Die Auberginen in etwa 1 cm dicke Scheiben schneiden. Mit Salz bestreut übereinander legen und mit einem Brett beschweren. Etwa 45 Minuten „schwitzen" lassen. So verlieren die Auberginen ihre Bitterstoffe und nehmen später beim Braten nicht soviel Öl auf.

2. Die Zwiebeln abziehen und fein würfeln. 3 Eßlöffel Olivenöl in einer Pfanne erhitzen und die Zwiebeln darin glasig dünsten. Dann ¼ Liter Wasser, Hackfleisch, Tomatenmark, Lorbeerblätter und Zimt dazugeben. Salzen und pfeffern und alles gut verrühren. Etwa 30 Minuten offen köcheln lassen.

3. Für die Béchamelsauce 4 Eßlöffel Butter zerlassen. Das Mehl hineinrühren und anschwitzen. Die Milch nach und nach dazugeben. Die Sauce immer wieder glattrühren und aufkochen lassen. Die Eier mit etwas Salz und frisch geriebenem Muskat verquirlen. Die Sauce von der Herdplatte nehmen und die Eier hineinrühren.

4. Die Hälfte des Parmesankäses in die heiße Sauce rühren, kurz durchziehen lassen und erst dann mit wenig Salz und Pfeffer abschmecken.

5. Die Auberginenscheiben mit kaltem Wasser abspülen und mit Küchenkrepp trockentupfen. Etwa 4 Eßlöffel Öl in einer Pfanne erhitzen und die Auberginen von beiden Seiten goldbraun braten. Auf Küchenkrepp abtropfen lassen.

6. Die Kartoffeln schälen, waschen und in Scheiben schneiden. Restliches Olivenöl in einer tiefen Pfanne erhitzen und die Kartoffelscheiben in etwa 10 Minuten halbgar backen. Mit einer Schaumkelle herausnehmen und gut abtropfen lassen.

7. Eine rechteckige, ofenfeste Form (etwa 25 cm mal 35 cm) mit etwas Öl ausstreichen und mit Paniermehl ausstreuen.

8. Zuerst die Kartoffeln einschichten und mit Salz, Pfeffer und etwas Parmesankäse bestreuen. Darauf die Hackfleischmasse und die Auberginen geben und zum Schluß die Béchamelsauce darübergießen. Mit dem restlichen Parmesankäse bestreuen und die restliche Butter in kleinen Flöckchen darüber verteilen.

9. Die Músaká in den auf 220 Grad/Stufe 4 vorgeheizten Backofen schieben und etwa 35 Minuten backen.

◆ Die Músaká macht viel Arbeit. Sie können sie jedoch schon Stunden vor dem Backen fertig einschichten und kühlstellen. Später braucht sie dann nur noch gebacken zu werden. Man kann sie übrigens als Hauptgericht, als Vorspeise oder als Beilage kalt oder warm servieren (dieses Rezept gilt als Hauptgericht — als Vorspeise reicht es für 8 – 12 Portionen). Sie wird immer in Quadrate geschnitten und so auf den Tisch gebracht. Lammhack wird selten angeboten — außer eventuell beim türkischen Händler. Ansonsten müssen sie es selbst zubereiten. Dazu am besten 800 Gramm Lammschulter durch den Fleischwolf drehen. Wer keinen Fleischwolf besitzt oder kein Lammfleisch mag, kann stattdessen auch die gleiche Menge Rinderhack oder gemischtes Hackfleisch verwenden.

CHIRINÓ MÉ SÉLINO

Schweinefleisch mit Sellerie

Für 4 Portionen

1 kg Schweineschnitzel
1 kg Staudensellerie
4 EL Olivenöl
Salz, Pfeffer aus der Mühle
2 Eier
Saft von 1 Zitrone

1. Das Fleisch in etwa 5 cm große Würfel schneiden.

2. Den Sellerie putzen und von den äußeren Stangen die Fäden abziehen. Die Stangen sorgfältig waschen und in fingerlange Stücke schneiden.

3. Den Sellerie in kochendes Wasser geben und etwa 2 Minuten blanchieren. Anschließend abtropfen lassen.

4. Das Olivenöl in einem großen Topf erhitzen und das Fleisch rundherum darin braun anbraten. Das Fleisch herausnehmen. Den Bratensatz mit ½ Tasse heißem Wasser aufkochen.

5. Die Hälfte des Selleries in den Topf geben, darauf das Fleisch, gewürzt mit Salz und Pfeffer. Den restlichen Sellerie darüber verteilen.

6. Alles zugedeckt bei kleiner Hitze etwa 1½ Stunden auf dem Herd schmoren.

7. Die Eier mit einem Schneebesen verschlagen. Den Zitronensaft langsam darunterschlagen, außerdem 2 Eßlöffel vom lauwarm abgekühlten Schmorsud.

8. Den Topf vom Herd nehmen, etwas schräg halten und die Zitronensauce in den Schmorsud rühren. Damit sich die Sauce gut verteilt, den Topf dabei häufig schwenken. Das Gericht nicht mehr kochen lassen, denn sonst gerinnt die Sauce.

◆ Dieses Gericht wird in Griechenland gern im Winter zubereitet. Es schmeckt übrigens auch sehr gut mit gewürfelter Sellerieknolle und wird in Griechenland häufig so gegessen. Anstelle von magerem Schnitzelfleisch bietet sich auch durchwachsenes Fleisch vom Schweinenacken an. Es bleibt beim Schmoren saftiger.

LACHANODOLUÁDES
Kohlrouladen

Für 4 Portionen

2 Scheiben Weißbrot
1/2 Tasse trockener Weißwein
1 Ei
2 Knoblauchzehen
Salz, Pfeffer aus der Mühle
1 TL gemahlener Kümmel
300 g Rinderhack
1 mittelgroßer Weißkohl (500 g)
4 EL Olivenöl
1/4 l Fleischbrühe (Instant)
Für die Zitronensauce:
2 Eigelb
4 EL Zitronensaft

1. Das Weißbrot entrinden und in Weißwein einweichen. Ausdrücken, mit dem Ei, den abgezogenen, durchgepreßten Knoblauchzehen, Salz, Pfeffer und Kümmel vermischen. Das Hackfleisch darunterarbeiten. 1 Stunde in den Kühlschrank stellen.

2. In einem großen Topf etwa 1 1/2 Liter Wasser zum Kochen bringen. Vom Kohlkopf die äußeren, unansehnlichen Blätter entfernen. Den Strunk keilförmig herausschneiden.

3. Den Kohlkopf in das kochende Wasser geben. Nach etwa 2 Minuten herausnehmen und die ersten Blätter vorsichtig lösen. So oft wiederholen, bis 8 schöne große Blätter vorhanden sind. Die Mittelrippe der Blätter flachschneiden.

4. Den übriggebliebenen Kohl sehr fein hacken und in 2 Tassen Kohlwasser etwa 10 Minuten kochen. Abgetropft und abgekühlt unter den Fleischteig mischen.

5. Die Blätter nebeneinanderlegen und den Fleischteig darauf verteilen. Jedes Blatt aufrollen und mit Küchengarn umwickeln.

6. Olivenöl in einem flachen, breiten Schmortopf erhitzen und die Kohlrouladen darin von allen Seiten kräftig anbraten. Die Fleischbrühe angießen. Die Kohlrouladen zugedeckt etwa 1 Stunde bei kleiner Hitze schmoren.

7. Für die Zitronensauce die Eigelbe schaumig schlagen. Zitronensaft tropfenweise unterschlagen und zum Schluß etwa 3 Eßlöffel vom heißen Schmorsud. Die Sauce darf auf keinen Fall kochen, sonst gerinnt sie.

8. Von den fertigen Rouladen das Küchengarn entfernen. Die Rouladen auf Tellern mit der Zitronensauce anrichten.

Abwandlung: Statt in Weißwein eingeweichtes Brot 1/2 Tasse Rundkornreis (50 g), 2 Eßlöffel gehackte Petersilie und etwas getrockneten Oregano zum Fleischteig geben.

SŬVLĂKIA AMIÚ
Würzige Lammspieße

Für 4 Portionen

750 g Lammfleisch aus der Keule
2 Knoblauchzehen
1/4 TL grobes Meersalz
8 EL natives Olivenöl
Saft von 1 1/2 Zitronen
Pfeffer aus der Mühle
1 TL Edelsüß-Paprika
1 TL gemahlener Piment
1/2 TL getrockneter Oregano
1 Lorbeerblatt

1. Das Fleisch in etwa 3 Zentimeter große Würfel schneiden und in eine Schüssel geben.

2. Die Knoblauchzehen abziehen und mit dem groben Salz im Mörser zu einer Paste zerstoßen. Olivenöl, Zitronensaft, Pfeffer, Paprika, Piment, Oregano und das fein zerbröselte Lorbeerblatt dazugeben. Alles gut vermischen.

3. Die Fleischwürfel mit der würzigen Marinade vermischen und zugedeckt etwa 12 Stunden im Kühlschrank durchziehen lassen.

4. Die Fleischwürfel aus der Marinade nehmen und sorgfältig mit Küchenkrepp abtupfen. Etwa 6 Fleischwürfel auf je 1 Spieß stecken. Die Spieße nebeneinander auf den Grillrost legen.

5. Die Spieße unter dem vorgeheizten Elektrogrill oder im Sommer auf dem Gartengrill rundherum in etwa 5 – 10 Minuten hellbraun grillen.

◆ Zu den Lammspießen serviert man in Griechenland gern einen Salat aus schwarzen Oliven, Tomaten und grünen Paprikaschoten. Gut paßt auch Bauernsalat (siehe Seite 79). Eine Scheibe Brot dazu und fertig ist eine einfache Sommermahlzeit.

◆ Übrigens — wer keinen Grill hat, kann die Spieße auch in der Pfanne braten, am besten bei kleiner Hitze. Und statt des teuren Lammfleisches schmecken die Spieße auch mit preiswertem Schweinenacken oder -schnitzel.

STIFÁDUO
Fleischragout

Für 4 Portionen

750 g Rindfleisch oder mageres Schweinefleisch
4 Tomaten
2 Knoblauchzehen
1 kg kleine Zwiebeln
8 EL Olivenöl
1 Lorbeerblatt
1/8 l Brühe (Instant)
Salz, Pfeffer aus der Mühle

1. Das Fleisch in kleine Würfel schneiden. Die Tomaten überbrühen, die Haut abziehen und das Fruchtfleisch in kleine Stückchen schneiden. Die Knoblauchzehen abziehen und fein hacken, die Zwiebeln abziehen.

2. Das Öl in einem Topf erhitzen und die Fleischwürfel darin anbraten. Die Tomatenstückchen, den Knoblauch, die ganzen Zwiebeln und das Lorbeerblatt hinzufügen.

3. Im geschlossenen Topf bei kleiner Hitze alles durchschmoren lassen. Nach etwa 10 bis 15 Minuten Brühe zugießen. Salzen und pfeffern. 2 Stunden bei sehr kleiner Hitze schmoren.

MELOMAKÁRONA

Weihnachtsgebäck

Für 20 Portionen

$1\,^1/_2$ Wassergläser Olivenöl
1 Wasserglas Zucker
1 Wasserglas Orangensaft
abgeriebene Schale von
1 unbehandelten Orange
1 TL Soda (Apotheke)
2 EL Weinbrand (Metaxa)
etwa 1 kg Mehl
100 g geschälter Sesam
$2\,^1/_2$ – 3 EL Zucker
250 g Honig

1. Olivenöl, Zucker, Orangensaft, abgeriebene Orangenschale, Soda sowie Weinbrand in eine Rührschüssel geben. Mit den Schneebesen des Handrührers so lange schlagen, bis die Masse weiß und cremig ist. Nun nach und nach soviel Mehl darunterarbeiten, bis der Teig nicht mehr klebt. Den Teig gut durchkneten, bis er geschmeidig und weich ist.

2. Von je 1 Eßlöffel Teig in der Hand etwa 2 cm dicke und 6 cm lange Röllchen formen. Die Röllchen jeweils auf eine Möhrenreibe legen und mit Zeige- sowie Mittelfinger beider Hände darauf drücken, so daß dabei 4 Löcher entstehen. Die Röllchen mit den Löchern nach unten auf ein gefettetes Backblech legen.

3. In den auf 190 Grad/Stufe 2–3 vorgeheizten Backofen schieben und knapp 30 Minuten backen. Sobald das Gebäck Farbe annimmt, aus dem Backofen nehmen. Es darf nicht dunkel sein.

4. Zum Anrichten des Gebäcks den Sesam ohne Fett in einer beschichteten Pfanne hellbraun rösten. Dabei ständig rühren, damit er gleichmäßig bräunt. Abkühlen lassen und mit dem Zucker im Universalzerkleinerer oder Mörser grob mahlen. Honig bei kleiner Hitze in 5 Eßlöffel Wasser erhitzen, bis er sich aufgelöst hat. Die Kekse portionsweise in der Noniglösung wenden und dann mit der Zucker-Sesam-Mischung bestreuen.

◆ Die Zutaten für dieses Rezept werden traditionell mit einem Wasserglas abgemessen. Was das Mehl betrifft, so stellen Sie sich am besten ein 1-kg-Paket bereit. Wieviel Sie letztlich benötigen, hängt von der Größe Ihres Wasserglases ab. Wenn z. B. ein Wasserglas ca. 200 ml Flüssigkeit aufnimmt, brauchen Sie etwa 1 kg Mehl. Für diese Kekse gaben die Leute auf dem Lande ursprünglich alle Zutaten — bis auf das Mehl — in eine Schüssel und rührten darin solange mit der Hand, bis die Masse weiß wurde. Das war sicher eine recht mühselige Art, einen Teig anzurühren.

Die Melomakárona werden mit viel Honig und zerstoßenem Sesam auf einer Kuchenplatte aufgeschichtet. Für deutsche Gaumen kann dies allerdings eine etwas zu süße Sache werden. Deshalb hier eine weniger süße Version.

Natürlich werden an der Küste Fisch und Krustentiere in allen Variationen genossen, doch die spanische Küche hält darüber hinaus viele Überraschungen bereit. Vom waldreichen und bergigen Katalonien und dem kühlen Galicien bis zum Hochland Kastiliens und der Gluthitze Andalusiens tragen alle diese Regionen ihren Anteil zur kulinarischen Vielfalt bei.

KÜCHE ZWISCHEN MEER UND BERGEN SPANIEN

Spanien — obgleich der Deutschen zweitliebstes Urlaubsland — ist hierzulande kulinarisch immer noch Neuland: über Paella, die typische Reispfanne, geht die Kenntnis oft kaum hinaus.

Dabei ist die spanische Küche vielseitig und überaus reich an Überraschungen, wenn man sich erst einmal mit ihr befaßt hat. Es ist hier wie in Italien: Eine eigentliche Landesküche gibt es gar nicht. In Spanien werden allein vier grundverschiedene Sprachen gesprochen (galicisch, kastilisch, katalanisch, baskisch), und die knapp 40 Millionen Einwohner verteilen sich auf 13 Regionen. Klima und Vegetation sind völlig verschieden im waldreichen und bergigen Katalonien und dem kühlen und wilden Galicien im Gegensatz zum kahlen Hochland Kastiliens und der Mancha und der Gluthitze Andalusiens, das immer noch starke arabische Einflüsse bewahrt.

Ein schlichter Eintopf spiegelt in seinen Veränderungen viele hundert Jahre spanischer Geschichte: die „Olla potrida", wörtlich „verdorbener Topf". Ursprünglich Jüdisch, bestand der Eintopf aus Huhn und Rindfleisch und hartgekochten Eiern. Und als die Christen die Mauren aus Spanien vertrieben und damit acht Jahrhunderte einvernehmlichen Zusammenlebens zwischen Moslems, Christen und Juden beendet hatten, wurden die Eier durch Schweinefleisch ersetzt, das der fahndenden Inquisition sofort verriet, ob hier rechte Christenmenschen zu Tische saßen.

Eine Variation dieses Eintopfes ist der berühmte „Cocido madrileno", sozusagen die Summe aller Eintöpfe, die es so oder ähnlich überall am Mittelmeer gibt. Ursprünglich auch ein Bauernessen, dessen Bestandteile heute einzeln in drei Gängen serviert werden. Ein Eintopf, der aufgesetzt wurde, wenn man aufs Feld ging und fertig war, wenn man zum Essen nach Hause kam.

„Tapas" wiederum sind der schönste Vorwand, nach der Arbeit nicht sofort nach Hause zu gehen, sondern in eine der zahlreichen Bodegas, um einen kleinen Aperitif zu nehmen. Einen trockenen Sherry vielleicht oder einen kühlen Rioja, dazu eben jene „Tapas", kleine Häppchen — warm oder kalt. Ursprünglich waren die „Tapas" Brotscheiben oder kleine Tellerchen, die man auf die Gläser legte, damit keine Fremdkörper hineinfielen. Ganz ähnlich übrigens den Deckeln auf bayrischen Bierkrügen. Dann bürgerte es sich ein, kleine Häppchen auf diesen Tellern zu servieren, und mittlerweile kann man auf diese Art komplette Mahlzeiten zu sich nehmen.

Arabischen Ursprungs ist „Gazpacho", was eigentlich „eingeweichtes Brot" bedeutet. Die eisgekühlte Gemüse-Brot-Suppe schmeckt als ideale Mahlzeit nicht nur in der andalusischen Sommerhitze. Aus der Umgebung von Malaga stammt übrigens der Brauch, Fisch in einer Salzkruste zu garen, durch die der Fisch sein ganzes Aroma behält.

Die dritte große Küche Spaniens ist die katalanische. Das erste spanische Kochbuch (Llibre de Sant Sori) stammt aus Katalonien und wurde im frühen 14. Jahrhundert publiziert. In die benachbarte Provence weisen die Würzsaucen „Ali-oli" und „Romescu", und das arabische Erbe bewahrt die Vorliebe, Fleisch mit Pinienkernen und Rosinen, aber auch mit Pflaumen, Feigen oder Pfirsichen zuzubereiten. Natürlich wird hier an der Küste Fisch in allen Variationen genossen, zu einer Art Nationalgericht wurde aber die „Zarzuela", ein Eintopf aus Fischen oder Krustentieren. Den schönen Namen hat dies Gericht von einem heiteren Singspiel, ähnlich der Operette oder dem Musical.

Vielleicht hat Ihnen unser kurzer Streifzug durch die kulinarischen Landschaften Lust gemacht, die spanische Küche zu entdecken. Verdient hat sie es!

RIOJA

Ein Gemüsegericht, wie man es in allen Ländern rund ums Mittelmeer findet: Paprikaschoten mit viel Knoblauch und Olivenöl geschmort und lauwarm oder kalt gegessen.

PIMIENTOS PICANTES

Pikante Paprikastreifen — spanische Art

Für 4 Portionen

Je 3 rote und grüne Paprikaschoten
2 EL Olivenöl
6 Knoblauchzehen
8 EL natives Olivenöl
2 EL Essig

1. Die Paprikaschoten waschen, der Länge nach in Viertel schneiden und entkernen.

2. Das Olivenöl erhitzen und die Paprikaviertel mit der Hautseite etwa 10 Minuten im heißen Öl braten. Abkühlen lassen, die Haut abziehen und die Schoten in Streifen schneiden.

3. Die abgezogenen Knoblauchzehen grob hacken.

4. Das native Olivenöl mit dem Essig mischen und erhitzen. Paprikastreifen darin etwa 10 – 12 Minuten weichschmoren. Mit dem Knoblauch vermischen und erkalten lassen.

◆ Die Paprikastreifen halten sich im Kühlschrank etwa vier bis fünf Tage frisch. Servieren Sie sie mit etwas Brot und einem Glas trockenem Sherry als Vorspeise.

Eigentlich soll man von Tapas nicht satt werden, sondern nur winzige Häppchen als Aperitif zum trockenen Wein oder Sherry nehmen. Ob kleine Stücke Chorizo-Wurst oder Manchego-Käse, ob eingelegte Oliven oder Champignons. Oder Kleinigkeiten wie geschmorte Hühnerbeine oder gratinierte Garnelen mit Öl und Knoblauch, von allem werden nur kleine Portionen serviert.

CALAMARES FRITOS

Fritierte Tintenfische

Für 4 Portionen

250 g sehr kleine Tintenfische (ersatzweise tiefgekühlte Tintenfischringe)
1 Glas trockener Sherry
2 EL Zitronensaft
ein paar kräftige Spritzer Worcester und Tabasco
Mehl zum Wenden
Pfeffer aus der Mühle
Olivenöl zum Fritieren
Salz, Zitronenscheiben

1. Tintenfische mit einer Mischung aus Sherry, Zitronensaft, Worcester- und Tabascosoße etwa 1 Stunde marinieren.

2. Mehl und Pfeffer mischen. Die gut abgetropften Tintenfische darin wenden und das überschüssige Mehl abschütteln. Das Olivenöl auf 180 Grad erhitzen und die Tintenfische portionsweise darin ausbacken. Auf reichlich Küchenpapier abtropfen lassen.

3. Die Fischchen leicht mit Salz bestreuen und mit einigen Zitronenscheiben anrichten.

GAMBAS GRATINADAS

Gratinierte Gambas

Für 4 Portionen

16 große Gambas in der Schale (etwa 500 g)
2 große Fleischtomaten
1 grüne Paprikaschote
4 EL Olivenöl
½ Glas Weißwein (0,1 l)
Pfeffer aus der Mühle
150 g Manchego-Käse

1. Die Gambas aus den Schalen lösen. Den Darm entfernen: Mit einem scharfen Messer den Rücken der Gambas einschlitzen und den dunklen Faden herausziehen.

2. Die Tomaten überbrühen, schälen, entkernen und grob hacken. Die Paprikaschote vierteln, putzen, waschen und in schmale Streifen schneiden.

3. Olivenöl in einer Pfanne erhitzen und die Paprikastreifen hineingeben. Nach 3 Minuten die Tomaten hinzufügen und unter gelegentlichem Wenden 2 Minuten dünsten. Wein angießen, alles leicht pfeffern.

4. Die Gambas auf 4 feuerfeste Schalen geben und das gedünstete Gemüse darüber verteilen. Den Käse darüberbröckeln.

5. Die Förmchen in den auf 225 Grad/Stufe 4 vorgeheizten Backofen schieben und 10 Minuten überbacken.

◆ Am besten schmecken natürlich frische Gambas. Wer sie jedoch nicht bekommt, kann stattdessen auch tiefgefrorene Riesen-Garnelen oder ersatzweise Scampi nehmen. Die Krustentiere nach Packungsanweisung auftauen lassen und nur fünf statt zehn Minuten überbacken, sonst werden sie leicht zäh. Aber ob nun frisch oder tiefgefroren — beim „Pulen" von Garnelen und Co. macht man sich die Finger wenn nicht schmutzig, so doch fettig. Also unbedingt Schalen mit Zitronenwasser zu den gratinierten Garnelen reichen. Darin kann man nach dem Schmaus die Finger baden.

BOQUERONES FRITOS

Fritierte Sardellen

Für 6 Portionen

1 kg frische Sardellen (3 – 4 cm lang)
3 EL Mehl
etwa ½ l Olivenöl
Salz
1 Bund glatte Petersilie
1 unbehandelte Zitrone

1. Fische waschen, abtropfen lassen und mit Küchenkrepp trockentupfen.

2. Öl in der Friteuse oder in einem großen, hohen Topf erhitzen.

3. Die Fische in Mehl wenden. Portionsweise (sie sollten schwimmen können) im heißen Öl goldbraun fritieren.

4. Auf Küchenkrepp abtropfen lassen und mit Salz bestreuen.

5. Mit Petersilie und Zitronenachteln servieren. Sie werden übrigens im ganzen gegessen.

◆ Statt Sardellen können auch kleine Stinte so zubereitet werden. Sie werden Anfang des Sommers angeboten.

CROQUETAS

Geflügel-Kroketten

Für etwa 20 Stück

150 g gekochte Hähnchenbrust oder Reste vom Grillhähnchen
30 g Butter
30 g Mehl
1/4 l Milch
Salz
Pfeffer aus der Mühle
1 Prise Muskat
1 Ei
50 g Paniermehl
Olivenöl zum Ausbacken

1. Das Hähnchenfleisch sehr fein hacken oder durch den Fleischwolf drehen.

2. Die Butter in einem Topf erhitzen, das Mehl einrühren und die heiße Milch zugießen. Die Sauce kräftig durchrühren und etwa 5 Minuten bei kleiner Hitze köcheln lassen.

3. Das Fleisch unter die Soße rühren, mit Salz, Pfeffer und Muskat abschmecken. Die Masse auf eine Platte streichen und erkalten lassen.

4. Mit angefeuchteten Händen kleine Kroketten formen. Diese zuerst in verquirltem Ei und anschließend in Paniermehl wenden.

5. Die Kroketten in heißem Öl bei etwa 180 Grad nach und nach in kleinen Portionen goldbraun und knusprig ausbacken. Sofort sehr heiß servieren und einen Salat dazu essen.

◆ Statt Hähnchenfleisch kann man auch Lamm-, Kaninchenfleisch, gekochten Schinken oder Fisch für dieses Rezept nehmen.

BOLAS DE ARROZ FRITAS

Fritierte Reisbällchen

Für etwa 20 Bällchen

2 kleine Zwiebeln
Olivenöl zum Andünsten und Ausbacken
100 g Rundkornreis
1/8 l Geflügelbrühe, 4 EL Weißwein
1 Prise gemahlener Safran
50 g geriebener Hartkäse
1 Ei, Salz

1. Die Zwiebeln abziehen, feinhacken und in 2 Eßlöffel heißem Öl weich und glasig dünsten.

2. Den Reis hinzufügen und 2 Minuten mitdünsten. Brühe, Weißwein und Safran dazugeben. Umrühren und einmal aufkochen lassen. Zugedeckt auf niedrigster Stufe etwa 20 Minuten garen.

3. Den geriebenen Käse und das Ei unter den Reis rühren. Mit Salz abschmecken. Mit angefeuchteten Händen walnußgroße Bällchen formen und diese in siedendem Olivenöl in etwa 2 bis 3 Minuten ausbacken.

◆ Die Reisbällchen können sehr gut mit übriggebliebenem Risotto oder Safranreis zubereitet werden. Warm schmecken sie am besten.

ESPARRAGOS COCIDOS EN LIMON

Marinierter Spargel

Für 4 Portionen

500 g weißer Spargel
Salz
5 EL Zitronensaft
Pfeffer aus der Mühle
8 EL natives Olivenöl extra

1. Den Spargel schälen, bündeln und in kochendes Salzwasser geben. Zugedeckt etwa 15 Minuten kochen. Gut abtropfen lassen.

2. Für die Marinade Zitronensaft, Salz und Pfeffer verrühren. Das Olivenöl darunterschlagen, so daß eine Emulsion entsteht.

3. Die Zitronenmarinade über den noch lauwarmen Spargel gießen; abkühlen lassen.

CEBOLLITAS EN ESCABECHE

Marinierte Zwiebeln und Knoblauchzehen

Für 4 Portionen

250 g kleine frische Zwiebeln (Silberzwiebeln)
2 große frische Knollen Knoblauch
1 kleiner Zweig frischer Rosmarin
1 Lorbeerblatt
1/8 l Fleisch- oder Geflügelbrühe (Instant)
1/8 l Weinessig
1 1/2 EL Zucker
1/2 TL Salz
1 TL Pfefferkörner
4 EL natives Olivenöl extra

1. Die Zwiebeln und Knoblauchzehen abziehen.

2. Rosmarin und Lorbeerblatt mit Brühe, Essig, Zucker, Salz und Pfefferkörnern etwa 3 Minuten offen kochen lassen. Zwiebeln und Knoblauchzehen dazugeben. Zugedeckt auf kleinster Hitze etwa 10 Minuten sanft köcheln lassen.

3. Die Zwiebeln und Knoblauchzehen mit dem Sud in ein Glas füllen. Das Olivenöl darübergießen.

Zwiebeln und Knoblauchzehen halten sich gut verschlossen bis zu 4 Wochen im Kühlschrank.

◆ Zwiebeln lassen sich leichter abziehen, wenn Sie sie zuerst mit heißem Wasser überbrühen. Beim Schälen darauf achten, daß die Zwiebelchen unten am Wurzelansatz noch zusammenhalten, sonst zerfallen sie beim Garen.

Ein Klassiker der andalusischen Küche — und eine raffinierte Variante von Spiegeleiern.

HUEVOS A LA FLAMENCA

Spiegeleier im Gemüsebett

Für 6 Portionen

3 Zwiebeln
2 Knoblauchzehen
2 Fleischtomaten
1 kleine rote Paprikaschote
1 Bund Petersilie
60 g geräucherter Schinken
1 Schweinewurst mit Knoblauch (Chorizo)
4 EL natives Olivenöl
1 Lorbeerblatt
Salz, Pfeffer aus der Mühle
6 Eier
150 g tiefgefrorene Erbsen
1 EL Tomatenpaprika (Glas)
1 kleine Dose Spargelköpfe
3 EL trockener Sherry

1. Die Zwiebeln und Knoblauchzehen abziehen, Zwiebeln würfeln. Die Tomaten überbrühen und abziehen. Die Paprikaschote putzen und in feine Würfel schneiden. Petersilie hacken. Schinken und Wurst fein würfeln.

2. Olivenöl in einer Pfanne erhitzen. Zwiebeln und Paprika darin andünsten, ohne zu bräunen. Den Knoblauch darüberpressen.

3. Tomaten entkernen, kleinschneiden und zusammen mit Schinken und Wurst in die Pfanne geben. Die Hälfte der Petersilie, Lorbeerblatt, Salz und Pfeffer ebenfalls dazugeben. Alles verrühren und knapp ⅛ Liter Wasser dazugeben. So lange offen köcheln, bis die Masse dickflüssig geworden ist. Hin und wieder umrühren.

4. Das Lorbeerblatt entfernen und den „Sofrito" in eine ofenfeste Form geben. Die Eier einzeln auf eine Untertasse schlagen und auf den Sofrito gleiten lassen. Erbsen, Tomatenpaprika und abgetropfte Spargelköpfe dekorativ darauf verteilen. Sherry über die Eier und das Gemüse träufeln.

5. Die Form abdecken und in den auf 200 Grad/Stufe 3 vorgeheizten Backofen schieben. Etwa 15 – 20 Minuten backen, bzw. bis das Eiweiß fest ist.

6. Zum Schluß restliche Petersilie über das Gericht streuen.

Ein Rezept von Juanito del Rio

SOFRITO

Das bedeutet „leicht angeröstet". Gemeint ist eine sehr konzentrierte Tomatensauce, für die jede spanische Hausfrau ihr Rezept hat. Zuerst werden Zwiebeln in Öl gedünstet, dazu kommen geschälte, entkernte und kleingeschnittene Tomaten sowie Knoblauch und Petersilie. Verschiedene Gemüse wie z. B. Paprikaschoten, Sellerie, Karotten, außerdem Wurst und Speck werden häufig mitgeschmort und zu einem konzentrierten Mus gekocht. Es wird oft schon im voraus zubereitet und läßt sich einige Tage im Kühlschrank aufbewahren. Ein „Sofrito" gehört in die Paella, in Schmorgerichte, Suppen — kurz überall dorthin, wo ein kräftiger Tomatengeschmack gewünscht wird.

CHORIZO

Diese Zutat taucht in vielen Mittelmeer-Rezepten auf. „Chorizo" ist eine geräucherte Wurst aus Schweinefleisch, die mit Knoblauch, viel Paprika, verschiedenen anderen Gewürzen und Kräutern abgeschmeckt wird. Das Abschmecken, „la prueba", ist eine der Familienangelegenheiten, bei der nach der Schlachtung, wenn die Wurstfülle zubereitet wird, alle zusammenkommen, probieren und ihr Urteil abgeben. Die „Chorizo" kann roh oder gekocht gegessen werden. In vielen spanischen und auch portugiesischen Gerichten gehört diese Wurst zu den unerläßlichen Zutaten. Ein typischer Imbiß: Chorizo der Länge nach halbiert, gegrillt und zwischen ein aufgeschnittenes Brötchen geklemmt. Besonders lecker direkt aus der Pfanne: Wurstscheiben mit Spiegeleiern gebraten. Durch das austretende rötliche Fett der Wurst bekommt das Ei zusätzlich Farbe und Aroma.

TORTILLA DE PATATA

Kartoffel-Omelett

Für 4 Portionen

750 g Kartoffeln
1 Zwiebel
¼ l natives Olivenöl
Salz
4 Eier

1. Kartoffeln schälen, waschen und in Scheiben schneiden. Zwiebel abziehen, fein würfeln.

2. Von dem Olivenöl etwa 6 Eßlöffel abnehmen und beiseitestellen. Den Rest in einer großen Pfanne erhitzen. Kartoffeln salzen und 8–10 Minuten braten.

3. Zwiebelwürfel zufügen. 10 Minuten unter gelegentlichem Wenden weiterbraten.

4. Die Kartoffeln in einen Durchschlag geben und das überschüssige Öl abtropfen lassen.

5. Die Eier schaumig schlagen, salzen. Die Kartoffeln vorsichtig unterheben, damit sie nicht brechen.

6. Vom restlichen Olivenöl 3 Eßlöffel in die Pfanne geben und erhitzen. Die Omelettmischung hineinfüllen und bei mittlerer Hitze festwerden lassen. Die Pfanne gelegentlich rütteln, damit die Mischung nicht festklebt.

7. Wenn das Omelett festgeworden ist (es sollte aber nicht trocken sein), stürzen: einen entsprechend großen, flachen Teller auf die Pfanne legen, mit der Hand festhalten und die Pfanne drehen.

8. Die leere Pfanne auf die Flamme zurückstellen und das restliche Olivenöl hineingeben.

9. Das Omelett wieder ganz vorsichtig in die Pfanne zurückgleiten lassen und nochmals 3–4 Minuten braten.

◆ Die Tortilla wird wie eine Torte zerteilt und kalt oder warm serviert.

Tortilla Catalana: Rühreier auf baskische Art. Geschmorte Paprikaschoten, Knoblauch, Tomaten und Zwiebeln machen aus einem einfachen Omelett ein aromatisches Gemüsegericht.

TORTILLA CATALANA

Tortilla mit Paprika und Tomaten

Für 4 Portionen

3 grüne oder
gelbe Paprikaschoten
6 EL Olivenöl
½ kleine scharfe Pfefferschote
1 Gemüsezwiebel oder
3 Küchenzwiebeln
1 Knoblauchzehe
4 sonnenreife Fleischtomaten
1 kleiner Zweig Thymian
1 Lorbeerblatt
Salz
6 Eier

1. Die Paprikaschoten waschen, der Länge nach in Viertel schneiden und entkernen.

2. Zwei Eßlöffel Olivenöl erhitzen und die Paprikaviertel mit der Hautseite etwa 10 Minuten im heißen Öl braten. Die Haut abziehen, Paprika entkernen und in Streifen schneiden. Die Pfefferschote fein würfeln.

3. Das restliche Öl in einer Pfanne – am besten einer beschichteten – erhitzen. Paprika und Pfefferschote darin andünsten. Zwiebel und die Knoblauchzehe abziehen, sehr fein hacken und hinzufügen.

4. Die Tomaten brühen, Haut abziehen, das Fruchtfleisch entkernen, in Stücke schneiden und in die Pfanne geben.

5. Thymian und Lorbeer hinzufügen und salzen. Etwa 5 Minuten bei kleiner Hitze schmoren lassen – das Gemüse soll aber nicht zerfallen.

6. Die Eier mit etwas Salz sanft schlagen, bis sich ein ganz feiner Schaum gebildet hat. Über das Paprika-Tomaten-Gemisch gießen. Wenn die Eimasse zu erstarren beginnt, mit einem Holzspachtel vorsichtig umwenden. Das Ei sollte nicht zu fest werden. Ganz heiß mit frischem Weißbrot oder Kartoffeln servieren.

PASTEL DE TORTILLAS

Tortilla-Torte mit Gemüse

Für 6 Portionen

1 kleine Zwiebel
1 kg sonnenreife Tomaten
2 EL natives Olivenöl
1 TL Tomatenmark
Salz, Pfeffer aus der Mühle
750 g gekochte Pellkartoffeln
1 große Zwiebel
500 g rote Paprikaschoten
750 g grüne Bohnen
ca. ¼ l Olivenöl zum Braten
12 Eier
4 EL frisch geriebener
Parmesankäse

1. Die Sauce zubereiten: Die Zwiebel abziehen und kleinhacken. Die Tomaten grob zerschneiden. Das Olivenöl in einer Pfanne erhitzen und die Zwiebel darin glasig dünsten. Die Tomaten, das Tomatenmark, Salz und Pfeffer dazugeben. Verrühren und offen etwa 15 Minuten einkochen lassen. Anschließend durch ein Sieb streichen.

2. Die Kartoffeln pellen, in dünne Scheiben schneiden. Die Zwiebel abziehen, in dünne Ringe schneiden. Die Paprikaschoten putzen, waschen und in kleine Stücke schneiden. Die Bohnen waschen, putzen und kleinschneiden.

3. 4 Eßlöffel Olivenöl in einer Pfanne erhitzen und die Kartoffeln darin goldbraun braten. Herausnehmen und abtropfen lassen. Nun die Zwiebelringe in etwa 10 Minuten glasig braten. 4 Eier verquirlen, mit Salz und Pfeffer würzen und Kartoffeln und Zwiebeln daruntermischen.

4. In einer beschichteten Pfanne 4 Eßlöffel Olivenöl erhitzen und das Eiergemisch hineingeben. In der zugedeckten Pfanne bei mittlerer Hitze stocken lassen. Dann mit Hilfe eines Tellers oder Deckels wenden. 2 Minuten weiterbacken. Die fertige Kartoffeltortilla auf eine ofenfeste Platte geben. Die Oberfläche dünn mit Tomatensauce bestreichen.

5. Nun die zweite Tortilla bereiten: Die Paprikastücke in der Pfanne in 4 Eßlöffel Olivenöl etwa 15 Minuten weichbraten. 4 Eier mit Salz und Pfeffer verquirlen. Die gut abgetropften Paprikastücke mit den Eiern vermischen. Wie die Kartoffeln in der beschichteten Pfanne in wenig Olivenöl stocken lassen, wenden und fertigbraten. Aus der Pfanne auf die Kartoffeltortilla gleiten lassen. Mit Tomatensauce bestreichen.

6. Nun die dritte Tortilla mit den vorbereiteten Bohnen zubereiten: Die Bohnen in der Pfanne in etwa 2 Eßlöffel Olivenöl 10 Minuten dünsten, aus der Pfanne nehmen und abtropfen lassen. Unter die restlichen, verquirlten Eier mischen. Wie bei den vorherigen Tortillas in der beschichteten Pfanne die Bohnentortilla fertigstellen. Auf die Paprikatortilla setzen.

7. Die Tortillatorte zum Erwärmen für etwa 10 Minuten in den auf 170 Grad/Stufe 2 vorgeheizten Backofen schieben.

8. Die Torte zum Servieren mit der restlichen Tomatensauce bestreichen und mit dem Parmesankäse bestreuen. Die Reste schmecken auch kalt.

Ein Rezept von Claus Janz

TORTILLA DE ALCACHOFAS

Tortilla mit Artischocken

Für 4 Portionen

4 kleine, fest geschlossene junge Artischocken
1 Zwiebel
2 Tomaten
6 EL Olivenöl
Salz
8 Eier
Pfeffer aus der Mühle

1. Von den Artischocken die äußeren Blätter entfernen. Die spitzen Blätter bis zur Hälfte abschneiden. Die Artischocken in dünne Scheiben schneiden, die Zwiebel fein würfeln. Die Tomaten brühen, die Haut abziehen, Fleisch entkernen und in Würfel schneiden.

2. 4 Eßlöffel Olivenöl in einer Pfanne erhitzen. Die Artischockenscheiben und die Zwiebelwürfel darin unter ständigem Wenden anbraten. Die Tomatenwürfel sowie 3 Eßlöffel Wasser zufügen. Bei kleiner Hitze 10 Minuten zugedeckt dünsten. Zum Schluß den Deckel abnehmen und noch etwas einkochen lassen — das Gemüse soll ganz trocken sein. Salzen.

3. Die Eier mit etwas Salz und Pfeffer in einer Schüssel verquirlen.

4. Die Eier über das Gemüse gießen und die Tortilla unter gelegentlichem Schütteln der Pfanne bei leichter Hitze zugedeckt von der Unterseite goldgelb backen. Es soll keine flüssige Eimasse mehr vorhanden sein, wenn die Tortilla gewendet wird.

5. Die Tortilla auf einen Teller oder großen Deckel gleiten lassen. Das restliche Olivenöl in die Pfanne geben. Die Tortilla wieder in die Pfanne geben und noch etwa 5 bis 7 Minuten bei leichter Hitze backen, bis die Seite ebenfalls eine goldgelbe Farbe hat.

Mit Brot warm oder kalt servieren.

COCIDO MADRILENO

Großer Suppeneintopf

Für 6 Portionen

500 g Kichererbsen
1 Suppenhuhn (1,2 kg)
1 kg magere Rinderbrust
2 Möhren
2 Stangen Porree
2 Knoblauchzehen
1 große Zwiebel
1 kleiner Weißkohl (400 g)
6 mittelgroße Kartoffeln
250 g durchwachsener Speck
500 g Serranoschinken (oder ein anderer geräucherter Schinken)
4 EL Olivenöl
1 Lorbeerblatt
½ Bund Petersilie
Pfeffer aus der Mühle
6 Chorizos (oder andere geräucherte Knoblauchwurst; z. B. Kabanossi)

1. Die Kichererbsen über Nacht in reichlich Wasser einweichen. Am nächsten Tag mit 5 Liter Wasser, dem Suppenhuhn und der Rinderbrust langsam zum Kochen bringen. Den sich bildenden Schaum abschöpfen. Zugedeckt bei kleinster Hitze 1½ Stunden garziehen lassen.

2. Inzwischen Möhren und Porree putzen, waschen und kleinschneiden. Knoblauch und Zwiebel abziehen. Die Zwiebel grob würfeln. Den Weißkohl putzen, waschen und achteln. Die Kartoffeln schälen und waschen. Speck und Schinken in kleine Würfel schneiden.

3. Olivenöl in einer tiefen Pfanne erhitzen. Schinken, Speck, Zwiebel, Möhren, Porree und durchgepreßten Knoblauch darin etwa 15 Minuten andünsten. Anschließend mit Lorbeer, gehackter Petersilie und Pfeffer zur Suppe geben und 30 Minuten weiterkochen lassen.

4. In einem zweiten Topf daneben die Knoblauchwürste mit reichlich Wasser bedeckt zum Kochen bringen. Die Hitze sofort reduzieren und 5 Minuten ziehen lassen. Abgießen und zur Suppe geben.

5. Weißkohl und geviertelte Kartoffeln in den Suppentopf geben. Alles zusammen noch einmal 30 Minuten kochen lassen. Zum Schluß nochmals mit Pfeffer und evtl. mit ein wenig Salz abschmecken.

◆ Traditionsgemäß kommt das Gericht in Spanien in mehreren Gängen auf den Tisch: Das Fleisch in Portionsstücke schneiden. Gemüse, Fleisch und Wurst auf einer vorgewärmten Platte anrichten und warmstellen. Zuerst wird die Brühe — oft mit vorgekochten Fadennudeln und einem Schuß Sherry — serviert. Und als zweiter Gang danach folgt die Fleisch-Gemüse-Platte. Dazu können Sie eventuell eine Ali-oli servieren (Das Rezept hierzu finden Sie auf der Seite 101).

GAZPACHO ANDALUZ

Kalte Gemüsesuppe aus Andalusien

Für 6 Portionen

1 rote Zwiebel
4 – 6 Knoblauchzehen
1 grüne Paprikaschote
2 Salatgurken (à 500 g)
500 g sonnenreife Tomaten
150 g Weißbrot ohne Kruste
½ l kalte Fleischbrühe
5 EL Sherryessig
2 EL Tomatenmark
5 EL natives Olivenöl extra
Salz, Pfeffer aus der Mühle

1. Die Zwiebel und Knoblauchzehen abziehen. Die Zwiebel fein würfeln und beiseite stellen. Paprika putzen, waschen und kleinschneiden. Die Gurken schälen, längs halbieren und die Kerne herauskratzen. Gurken würfeln. Die Tomaten überbrühen, abziehen, entkernen und würfeln.

2. Das Brot ebenfalls klein würfeln, mit der kalten Brühe und dem Essig übergießen und etwa 10 Minuten einweichen.

3. Portionsweise etwas vom eingeweichten Brot und kleingeschnittenen Gemüse (ausgenommen die Zwiebel) im Mixer pürieren. Jeweils etwa 1 Teelöffel Tomatenmark dazugeben. Alles in eine Suppenterrine geben und verrühren. Öl, Zwiebelwürfel und durchgepreßten Knoblauch darunterrühren. Die Suppe mit Salz, Pfeffer und Essig abschmecken. Im Kühlschrank einige Stunden durchkühlen lassen.

Für die Garnitur:
2 Scheiben Weißbrot
2 Tomaten
½ Salatgurke
1 junge Zwiebel

4. Das Brot in der Pfanne in rauchheißem Olivenöl unter Wenden knusprig und braun rösten. Alles in sehr kleine, gleichgroße Würfel schneiden.

5. Alles getrennt in kleine Schälchen füllen und zur eisgekühlten Suppe servieren: Jeder nimmt sich davon, was er mag.

Ein Rezept von Manuel Ceballos

GAZPACHO

Wer schon einmal einen glühendheißen Sommertag in Andalusien erlebt hat, weiß, wie wunderbar eine solche kalte Gemüsesuppe schmecken kann, gerade wenn man eigentlich überhaupt keinen Appetit hat und das Essen eher zur Last wird. Bindung bekommt die Gazpacho durch püriertes Gemüse und eingeweichtes Weißbrot. Wie viele andere Mittelmeergerichte auch, steht und fällt die Suppe mit der Qualität ihrer Zutaten. Würzige, sonnenreife Tomaten, frischer Knoblauch, guter Weinessig und ein vorzügliches Olivenöl sind die richtigen Zutaten. Mit blassem Treibhausgemüse, einfachem Essig und Öl zweiter Wahl ist eine gute Gazpacho nicht hinzukriegen. Nicht ganz original, aber köstlich zur Gazpacho: reichlich gehackter Dill und saure Sahne.

PAELLA

Reispfanne mit Safran

Für 6 Portionen

1 Gemüsezwiebel
2 Knoblauchzehen
1 rote oder grüne Paprikaschote
1 Hähnchen (1,2 kg)
150 g Rindfleisch aus der Kugel
100 g Schweinefilet
12 Miesmuscheln
200 g Tintenfischringe
12 Gambas
10 EL natives Olivenöl
Salz, Pfeffer aus der Mühle
½ l pürierte Tomaten
1½ l Fleischbrühe (Instant)
700 g Rundkornreis
½ l Safranpulver
300 g tiefgefrorene Erbsen

1. Die Zwiebel und Knoblauchzehen abziehen. Die Zwiebel grob hacken. Die Paprikaschote putzen und kleinschneiden. Das Hähnchen in etwa 12 Stücke zerteilen und dabei die Haut entfernen. Rindfleisch und Schweinefilet in Würfel schneiden. Die Muscheln waschen. Tintenfischringe abspülen. Sechs Gambas schälen.

2. Etwa 5 Eßlöffel Olivenöl in einer tiefen, großen Pfanne erhitzen und die Zwiebel darin glasig braten. Paprika, Hähnchenteile, Schweine- und Rindfleisch dazugeben. Alles unter Wenden leicht bräunen. Salzen, pfeffern und den Knoblauch darüberpressen.

3. Die pürierten Tomaten und ½ Liter der Fleischbrühe dazugeben. Alles offen etwa 10 Minuten leicht köcheln.

4. Dann die Tintenfische und ½ Liter Fleischbrühe dazugeben. 10 Minuten weiterköcheln.

5. Nun in einer großen Paellapfanne (sie muß natürlich noch in den Backofen passen) das restliche Olivenöl erhitzen und den Reis kurz unter Wenden anrösten. Den Safran in ein paar Löffeln heißer Brühe auflösen und mit der restlichen Brühe zum Reis geben, gründlich verrühren.

6. Das schon fertige „Paella-Ragout" zum Reis geben, außerdem Erbsen, geschälte Gambas und Muscheln.

7. Die Paella in den auf 200 Grad/ Stufe 3 vorgeheizten Backofen schieben und etwa 15 Minuten backen. Nach 5 Minuten ungeschälte Gambas daraufgeben.

8. Die Paella noch brutzelnd auf den Tisch stellen.

VIVA PAELLA

Sie kann ganz einfach oder sehr aufwendig zubereitet werden. Die Grundzutaten sind Reis, Meerestiere, Hähnchen und Fleisch. Gewürzt wird mit Knoblauch und vor allem mit Safran, der dem Reis die gelbe Farbe gibt. Darüber hinaus kann man seine Phantasie spielen lassen. Nicht nur die Mengen der einzelnen Zutaten, sondern auch die Gemüsesorten und die Meeresfrüchte können je nach Jahreszeit ausgetauscht werden.

Die riesigen Salinen im Süden Spaniens liefern den Rohstoff für eine sehr schonende Garmethode: Fisch oder Fleisch wird in Salz gehüllt und dann behutsam im Backofen gegart. Alle Aromen bleiben so erhalten und bekommen durch das jodhaltige Salz eine besondere Würze: Zahnbrasse in der Salzkruste.

DORADA EN CONCHA DE SAL

Zahnbrasse in der Salzkruste

Für 4 Portionen

1 Zahnbrasse, etwa 1 kg (ausgenommen und ungeschuppt)
1 Zweig frischer Rosmarin
3 Eiweiß
1 kg grobes Meersalz

1. Die Zahnbrasse waschen und trockentupfen. Rosmarinzweig in die Bauchhöhle stecken.

2. Eiweiß leicht verschlagen und unter das Salz mischen. Eine fingerdicke Schicht in eine ovale ofenfeste Form — in der der Fisch bequem Platz hat — geben. Den Fisch darauflegen und mit dem restlichen Salz zudecken.

3. Die Form in den auf 225 Grad/Stufe 4 vorgeheizten Backofen schieben und 25 Minuten backen.

4. Den fertig gebackenen Fisch in der Form heiß aus dem Ofen auf den Tisch bringen. Die Salzkruste aufschlagen und vorsichtig abheben. Den Fisch tranchieren und auf Teller legen.

Ein Rezept von Luis Arjona Ruiz

ATÚN A LA VASCA

Thunfischkoteletts — baskische Art

Für 4 Portionen

6 Paprikaschoten
2 Knoblauchzehen
4 Scheiben Thunfischkoteletts (à 200 g)
8 EL Olivenöl
2 große Gemüsezwiebeln
½ Glas Weißwein (0,1 l)
Salz, Pfeffer aus der Mühle

1. Den Backofen auf 250 Grad/Gas Stufe 5 vorheizen. Die Paprikaschoten im Ganzen auf Alufolie legen und so lange backen, bis die Haut dunkelbraun ist — das dauert etwa 30 Minuten.

2. Inzwischen die Knoblauchzehen abziehen, in Streifen schneiden und die Thunfischkoteletts damit spicken. Mit 2 Eßlöffeln Öl übergießen. Die Zwiebeln abziehen und in Ringe schneiden.

3. Die gebräunten Paprikaschoten abziehen, entkernen und in Streifen schneiden.

4. Die Hälfte des restlichen Öls in einer Pfanne erhitzen und die Zwiebelringe darin glasig dünsten. Die Paprikastreifen hinzufügen und bei kleiner Hitze 10 Minuten mitdünsten. Den Wein angießen. Alles salzen, pfeffern und weitere 10 Minuten schmoren lassen.

5. Inzwischen in einer zweiten Pfanne in dem restlichen Öl die Fischkoteletts von beiden Seiten in etwa 3 Minuten hellbraun braten. Anschließend auf das Gemüse geben und 5 Minuten garschmoren. Dazu Brot servieren.

ROMESCO

Scharfe Mandelsauce

Für 4 Portionen

25 g Mandelstifte
1 kleine Tomate
1 kleine Knoblauchzehe
2 Prisen Cayennepfeffer
½ TL Salz
3 EL Weinessig
⅛ l natives Olivenöl extra
Pfeffer aus der Mühle

1. Die Mandelstifte in einer Pfanne ohne Fett kurz anrösten. Die Tomate überbrühen, abziehen, entkernen und hacken. Die Mandeln im Blitzhacker feinhacken.

2. Die zerdrückte Knoblauchzehe, Cayennepfeffer, Salz, Tomate und den Essig darunterrühren. Das Öl mit einem Schneebesen in feinem Strahl nach und nach darunterrühren. Es soll eine gleichmäßige, dickcremige Sauce entstehen. Zum Schluß nochmals mit Salz und Pfeffer abschmecken.

ALLIOLI

Knoblauchmayonnaise

Für 4 Portionen

4–6 Knoblauchzehen
1 Eigelb
150 ml natives Olivenöl extra
1–2 EL Zitronensaft
Salz, Pfeffer aus der Mühle

1. Die Knoblauchzehen abziehen und in eine Rührschüssel pressen. Eigelb dazugeben. Mit den Quirlen des Handrührers cremig rühren.

2. Nach und nach unter ständigem Rühren das Öl in dünnem Strahl einlaufen lassen. Sobald die Sauce dickcremig ist, Zitronensaft darunterrühren. Mit Salz und Pfeffer abschmecken.

ROMESCO

Diese Sauce hat ihren Ursprung in der katalanischen Küche. Sie wird zu fast jeder Art von Fisch serviert und sollte früher helfen, die einfachen — oder sogar nicht mehr ganz frischen Fische — mit ihrem kräftigen Aroma aufzuwerten. Ihre Zutaten sind typisch katalanisch: Haselnüsse oder Mandeln, rote Pfefferschoten, Tomaten, Zwiebeln, Knoblauch und — nicht zuletzt — gutes Olivenöl. Häufig wird sie zusammen mit einer Knoblauchmayonnaise serviert. Die Abwandlungen sind zahlreich, wie bei allen Traditionsrezepten. Oft kommt zusätzlich eingeweichtes Weißbrot hinein, manchmal auch gehackte Petersilie, viele Tomaten oder eine Mischung aus Nüssen und Mandeln. Experimentieren lohnt sich also.

ZARZUELA DE PESCADO

Gemischte Fischpfanne

Für 4 Portionen

4 Zwiebeln
3 Knoblauchzehen
2 kleine rote Paprikaschoten
500 g sonnenreife Tomaten
8 EL natives Olivenöl
50 g gemahlene Mandeln
1 Lorbeerblatt
1 Briefchen Safran
Salz, Pfeffer aus der Mühle
400 g Steinbeißer (oder Seeteufel)
4 Scheiben vom Heilbutt (450 g)
4 Rotbarben, küchenfertig
Mehl zum Wenden
1/8 l trockener Weißwein
Saft von 1/2 Zitrone
je 12 Mies- und Herzmuscheln
8 Riesengambas
je 2 – 3 EL Sherry und Brandy
1/2 Bund glatte Petersilie

1. Die Zwiebeln und Knoblauchzehen abziehen. Zwiebeln fein würfeln. Paprika putzen, waschen und fein würfeln. Die Tomaten überbrühen, abziehen, entkernen und grob zerschneiden.

2. Die Hälfte des Olivenöls in einer Pfanne erhitzen. Zwiebeln, durchgepreßten Knoblauch, Tomaten und Paprika darin etwa 15 Minuten dünsten.

3. Mandeln, zerbröseltes Lorbeerblatt, Safran, Salz und Pfeffer unterrühren. Noch 5 Minuten dünsten, bis alles eingedickt ist.

4. Das restliche Öl in einer großen Pfanne erhitzen. Fisch salzen, pfeffern und in Mehl wenden, kurz anbraten, auf die Tomatensauce geben.

5. In einem Topf 1/8 Liter Salzwasser, Wein und Zitronensaft erhitzen und die Muscheln etwa 5 Minuten darin kochen, herausnehmen. Danach die Gambas 2 Minuten darin kochen. Muscheln und Gambas zum Fisch geben.

6. Sherry und Brandy dazugeben und die Pfanne kräftig rütteln, damit sich alles gut vermischt. Einen Teil der Sauce über Fisch und Krustentiere verteilen.

7. Die Pfanne im auf 250 Grad/Stufe 5 vorgeheizten Backofen schieben, etwa 5 Minuten backen. Mit gehackter Petersilie bestreuen. Dazu schmeckt Brot.

RIÑONES DE TERNERA AL JEREZ

Kalbsnieren in Sherry

Für 4 Portionen

500 g küchenfertige Kalbsnieren
3 kleine Zwiebeln
6 EL Olivenöl
Salz, Pfeffer aus der Mühle
50 ml trockener Sherry
1 Knoblauchzehe
1 Lorbeerblatt
1 TL Mehl
50 ml Fleischbrühe
2 EL gehackte Petersilie

1. Kalbsnieren unter fließendem Wasser waschen und gut abtrocknen. Längs halbieren und in kleine Würfel schneiden. Die Zwiebeln abziehen, fein würfeln.

2. 2 Eßlöffel Olivenöl in einer Pfanne stark erhitzen und die Nieren 1 Minute rundherum anbraten. Salzen und pfeffern. Herausnehmen und den Sherry in die Pfanne gießen. Aufkochen und die Nieren wieder dazugeben. Beiseitestellen.

3. In einer zweiten großen Pfanne das restliche Öl erhitzen und darin die durchgepreßte Knoblauchzehe, Zwiebelwürfel und Lorbeerblatt glasig braten. Mehl darüberstäuben, umrühren und die Brühe angießen. Unter Rühren kochen, bis die Sauce eindickt. Petersilie hinzufügen und etwa 3 Minuten köcheln lassen.

4. Die Nieren mit dem Sherrysud dazugeben, aufkochen und bei kleiner Hitze 2 – 3 Minuten ziehen lassen. Abschmecken.

POLLO AL AJILLO

Knoblauch-Hähnchen

Für 2 – 3 Portionen

1 Hähnchen, etwa 1,2 kg
5 EL Olivenöl
1 Knolle Knoblauch
1 Chilischote
1 Bund Petersilie
Salz, Pfeffer aus der Mühle
1/8 l trockener Weißwein

1. Das Hähnchen in etwa 8 Stücke zerteilen und dabei die Haut entfernen.

2. Das Olivenöl in einer großen, tiefen Pfanne (oder Kasserolle) erhitzen. Die Hähnchenteile bei mittlerer Hitze rundherum braun anbraten.

3. Inzwischen die Knoblauchzehen abziehen und in Scheiben schneiden. Eventuell vorhandene grüne Triebe unbedingt entfernen, der Knoblauch schmeckt sonst bitter. Die Chilischote aufschlitzen und entkernen. Vorsicht: mit Gummihandschuhen arbeiten bzw. die Hände gleich gründlich waschen.

4. Die gebräunten Hähnchenteile aus der Pfanne nehmen. Die Hitze reduzieren und Knoblauchscheiben und Chilischote in die Pfanne geben. Kurz unter Wenden andünsten.

5. Nun die Hähnchenteile wieder in die Pfanne geben. Alles bei kleiner Hitze schmoren, dabei die Hähnchenteile mehrmals wenden, damit sich die Knoblauchwürze auf das Fleisch überträgt.

6. Die gehackte Petersilie darüberstreuen, den Wein angießen, mit Salz und Pfeffer würzen. Die Pfanne bis auf einen kleinen Spalt zudecken und bei kleiner Hitze noch 20 Minuten schmoren.

Ein Rezept von Jesus Jara

◆ Dazu ißt man am besten Brot, denn damit kann man den Knoblauchsud besonders gut aufdippen.

CHURROS

Spritzkuchen

Für 4 – 6 Portionen

60 g Butter
1 Prise Salz
150 g Mehl
4 kleine Eier (oder 3 große)
1 TL Brandy
Olivenöl zum Ausbacken
Zucker zum Bestreuen

1. Butter, ¼ l Wasser und Salz in einen Topf geben und unter Rühren aufkochen. Das Mehl auf einmal hineinschütten und kräftig rühren. Bei kleiner Hitze weiterrühren, bis sich der Teig kloßartig vom Topfrand löst und glatt ist.

2. Den Teig in eine Rührschüssel füllen. Die Eier nach und nach unterrühren. Brandy hinzufügen.

3. Den Teig in einen Spritzbeutel mit großer Sterntülle füllen.

4. Das Olivenöl erhitzen und vom Teig jeweils etwa 15 cm lange Stränge direkt in das heiße Öl spritzen und goldgelb backen.

5. Das Gebäck auf Küchenkrepp abtropfen lassen, sofort mit Zucker bestreuen und servieren.

◆ Dieses Rezept zeigt eine besondere Eigenheit der Mittelmeerküche: Nur hier wird auch Süßes mit (Oliven-) Öl gebacken.

Hier ist das Brot herzhafter und weniger weiß als bei den Nachbarn rund ums Mittelmeer. Einfach und gradlinig wie die Menschen an der Algarve, den grünen Provinzen im Norden oder im kargen Landesinneren sind die kulinarischen Traditionen des Landes.

WO DER FISCH IM MITTELPUNKT STEHT

PORTUGAL

Kaum ein europäisches Land scheint weiter von Europa entfernt als Portugal. Als wolle das Land ablegen, in See stechen, kauert es schmal und langgestreckt neben dem großen Spanien. Ob die Abenteuer- und Reiselust der alten Lusitanier — so hießen die Einwohner Portugals zu Zeiten der Römer — ein phönizisches Erbe ist, darüber läßt sich streiten. Jedenfalls waren die Portugiesen die erste und letzte Kolonialmacht in Europa: Früher als Briten und Spanier hatten sie mit dem Kolonisieren begonnen, und später als alle anderen haben sie sich von ihren überseeischen Besitzungen getrennt.

Kühne Seefahrer waren sie, die Vasco da Gama und Magalhaes, und tüchtige Kaufleute, die aus den exotischsten Weltgegenden viel Geld ins Land brachten und König Manuel im 17. Jahrhundert zum reichsten Monarchen Europas machten. „Wir kamen, um Christen und Gewürz zu suchen", sagte Vasco da Gama, der den Seeweg nach Indien gefunden hatte, und umschrieb damit fein die ziemlich unfeinen Missionsmethoden und die ungenierte Ausplünderung der neueroberten Gebiete.

Das Monopol der Araber im Asienhandel wurde gebrochen, Lissabon Hauptumschlagsplatz unter anderem für Gewürze.

Im Gegensatz zu den Spaniern, die mit den Gewürzen nur handelten, nahmen die Portugiesen die exotischen Zutaten in ihren Speisezettel auf. Ob Kurkuma, Zimt oder Vanille, Kreuzkümmel oder indische Curries — die Mitbringsel aus der Ferne fanden Eingang in die heimische Küche. Ein gutes Beispiel dafür ist die „Bolo de Canela", ein einfacher und würziger Kuchen, den man schon zum Frühstück ißt. Weil der Teig statt Butter Olivenöl enthält, bleibt das Gebäck lange frisch.

Auch in Portugal stammt die feinere Küche — wie in Spanien — aus den nördlichen Provinzen, aus Minho

zum Beispiel. Eine ihrer Spezialitäten ist die inzwischen zu einem portugiesischen Nationalgericht gewordene „Caldo verde", eine Gemüsesuppe aus Kohl und Kartoffeln.
Eine Besonderheit, daß in Portugal — einem Land, in dem feinste Fische taufrisch aus dem Meer kommen — Stockfisch zu den favorisierten Lebensmitteln gehört. Getrockneter und gesalzener Kabeljau, importiert aus Norwegen oder von portugiesischen Fischern vor Neufundland erbeutet und daheim haltbar gemacht. Ein Fisch, den man erst mühsam und lange wässern muß, bevor man ihn zubereiten kann. Hunderte von Rezepten gibt es für den „Bacalhau", eines der schmackhaftesten ist das für „Bolinhos de bacalhau", eine Art Fischfrikadelle, wie sie ebenfalls für den Norden des Landes typisch ist.
Fischreiche Länder ersannen oft die raffiniertesten Methoden, die leicht verderbliche Ware zu konservieren, lange bevor die Tiefkühlung möglich wurde. Trocknen ist eine Methode der Konservierung, das Einlegen in Öl eine andere, bei Sardinen weit verbreitet. Eine besonders raffinierte Art, mit plötzlich anfallendem Überfluß oder auch mit Resten einer Mahlzeit fertig zu werden, ist in Portugal „Escabeche", sauer eingelegter Fisch.
In Deutschland ist die Algarve sicherlich der am besten bekannte Teil Portugals. Hier ist ein besonderes Kochgeschirr zu finden, die „Cataplana", eine Metallkasserolle in Form einer Muschel. Diese Kasserolle verhindert das Entweichen des Dampfes, ist aber natürlich auch durch einen Römertopf oder einen Topf mit schwerem, festschließendem Deckel zu ersetzen. Ein Gericht von ganz besonderem Wohlgeschmack sind „Ameijonas na Cataplana", wieder eins jener Rezepte, in denen Muscheln mit Fleisch, hier mit scharfgewürzten Knoblauchwürsten, kombiniert werden.

Portugals Bevölkerung — oder jedenfalls ein sehr großer Teil — lebt am und vom Meer. Fischgerichte bestimmen deshalb den täglichen Speisezettel. Taufrisch gebraten, gehört die Sardine zu den beliebtesten Gerichten für arm und reich.

SARDINHAS FRITAS

Gebackene Sardinen

Für 4 Portionen

1 kg frische Sardinen (ersatzweise tiefgefrorene Sardinen)
Salz
Mehl zum Wenden
1/4 l Olivenöl
2 unbehandelte Zitronen
1 Bund glatte Petersilie

1. Von den Sardinen die Köpfe abtrennen und dabei gleich die Eingeweide mitentfernen. Die Fische unter fließendem Wasser gründlich waschen.

2. Die Sardinen mit Salz bestreut 2 Stunden stehen lassen. Anschließend abspülen, mit Küchenkrepp abtrocknen und in Mehl wenden.

3. Das Olivenöl in einer tiefen Pfanne sehr heiß werden lassen. Die Sardinen in Portionen nach und nach goldbraun und schön knusprig backen.

4. Kurz abtropfen lassen und sofort mit Zitronenscheiben oder -vierteln und Petersilie anrichten.

Dazu ißt man entweder frisches Weißbrot oder Salzkartoffeln und gemischten Salat; getrunken wird ein kühler Weißwein, zum Beispiel der einheimische Vinho verde.

SARDINEN

Dieser einfache kleine Fisch zählt zu den Grundnahrungsmitteln der Portugiesen und wird fast immer gebraten oder fritiert gegessen. Besonders an der Algarve, wo der Atlantikfisch in der Saison (Februar bis April) vom Schiff aus direkt im Kochtopf landet. Sardinen nennt man übrigens nur die jungen Fische, wenn sie nicht größer als 12 bis 16 cm sind. Der ausgewachsene Fisch ist etwa 30 cm lang und heißt Pilchard. Bei uns werden Sardinen nicht häufig frisch angeboten, tiefgekühlt gibt es ihn jedoch zu recht niedrigen Preisen.

BACALHAU À BRÁS

Fischpfanne

Für 4 Portionen

500 g Stockfisch
350 g Zwiebeln
2 Knoblauchzehen
500 g Kartoffeln
4 EL Olivenöl
5 Eier
Salz, Pfeffer aus der Mühle
1 EL gehackte Petersilie
100 g schwarze Oliven

1. Den Stockfisch in mundgerechte Stücke schneiden und 24 Stunden einweichen. Zwischendurch das Wasser 3 bis 4 mal erneuern. Dabei die Fischstücke jedesmal kräftig ausdrücken.

2. Den Fisch mit den Händen in kleine Stücke zerteilen, auf Küchenkrepp gut abtropfen lassen.

3. Die Zwiebeln abziehen und in Ringe schneiden. Knoblauch ebenfalls abziehen. Die Kartoffeln schälen, waschen und in feine Stifte schneiden. Mit Küchenpapier trockentupfen.

4. Das Olivenöl in einer tiefen, schweren Pfanne erhitzen. Den Knoblauch hineinschneiden, bräunen und entfernen. Nun die Kartoffelstifte in dem heißen Öl braten, jedoch nicht braun werden lassen. Nach etwa 5 Minuten mit einer Schaumkelle herausnehmen.

5. Nun die Zwiebeln in dem Öl bräunen lassen. Den Stockfisch dazugeben, umrühren und etwa 5 Minuten darin braten. Die Kartoffelstifte dazugeben.

6. Die Eier mit Salz und Pfeffer verschlagen und in die Pfanne gießen. Unter Rühren so lange braten, bis die Eier gestockt sind.

Das Gericht mit Petersilie und schwarzen Oliven garniert in der Pfanne servieren.

Eine echte Köstlichkeit und typisch portugiesisch: Stockfisch-Bällchen. Der eingeweichte Trockenfisch wird mit gekochten Kartoffeln und Gewürzen vermischt und fritiert.

PASTEIS DE BACALHAU

Stockfisch-Bällchen

Für 6 Portionen

500 g Stockfisch
400 g Kartoffeln
1 Zwiebel
1 Bund Petersilie
Pfeffer aus der Mühle
Muskat
2 mittelgroße Eier
1 l Olivenöl zum Ausbacken

1. Den Stockfisch einweichen (wie im Rezept „Fischpfanne" auf der vorigen Seite beschrieben).

2. Die Kartoffeln in der Schale kochen. Noch heiß schälen und in eine Schüssel reiben.

3. Den ausgepreßten, zerpflückten und entgräteten Stockfisch zu den Kartoffeln geben. Die Zwiebel abziehen und fein hacken. Die Petersilie ebenfalls hacken. Beides zu den Kartoffeln in die Schüssel geben. Mit Pfeffer und Muskat würzen und alles gründlich vermischen.

4. Die Eier nach und nach darunterarbeiten, bis die Masse weich und formbar ist. Mit angefeuchteten Händen ovale Bällchen formen.

5. Das Olivenöl in einem hohen Topf erhitzen und die Bällchen darin nach und nach jeweils etwa 8 Minuten goldbraun backen.

Mit Salat ein Hauptgericht für zwei!

SALADA DE PIMENTOS

Paprika-Salat

Für 4 Portionen

2 grüne Paprikaschoten
1 Zwiebel
2 EL Zitronensaft
Salz, Pfeffer aus der Mühle
4 EL natives Olivenöl extra

1. Die Paprikaschoten putzen, waschen und in lange, dünne Streifen schneiden. Die Zwiebel abziehen und in feine Streifen schneiden.

2. Zitronensaft, Salz, Pfeffer, Olivenöl darübergeben und alles sorgfältig mischen. Den Salat gut durchziehen lassen.

STOCKFISCH

Unzählige Rezepte der portugiesischen Küche basieren auf diesen bretthart getrockneten Fischstükken. Gerade im heißen Portugal war das Trocknen jahrhundertelang die einzige Möglichkeit, Fische für längere Zeit haltbar zu machen. Selbst heute, im Zeitalter der Kühlketten, Tiefkühltruhen und Konserven, hat der Stockfisch seinen Platz in der Küche behauptet.

SALADA DE MESTURA

Gemischter Salat

Für 4 Portionen

1 große Gemüsezwiebel oder
150 g Haushaltszwiebeln
1/4 TL grobkörniges Salz
1 grüner Salat
2 sonnengereifte Tomaten
1/2 Salatgurke
2 EL Zitronensaft
1 EL Weinessig
5 EL natives Olivenöl extra

1. Die Zwiebel abziehen, in dünne Ringe schneiden und in eine Salatschüssel geben. Das Salz darüberstreuen, die Zwiebel etwa 20 Minuten „schwitzen" lassen.

2. Inzwischen den Salat waschen und in einer Salatschleuder trockenschleudern oder mit Küchenpapier trockentupfen. Die Tomaten in Spalten, die Gurke in Scheiben schneiden. Alles in die Schüssel über die Zwiebel geben.

3. Erst vor dem Essen Zitronensaft, Essig und Öl über die Salatzutaten geben. Alles sorgfältig durchmischen. Der salzige Zwiebelsaft macht den Salat übrigens besonders würzig.

CATAPLANA

Miesmuscheln aus der „Deckelpfanne"

Für 4 Portionen

1 kg Miesmuscheln
3 Zwiebeln
50 g roher Schinken
50 g gekochter Schinken
50 g Chorizo (Knoblauchwurst)
1 Bund Petersilie
2 EL Olivenöl
schwarzer Pfeffer aus der Mühle
1 TL Edelsüßpaprika
1 Prise Cayennepfeffer

1. Die Miesmuscheln gründlich waschen, um den Sand zu entfernen. Geöffnete Exemplare aussortieren, sie könnten verdorben sein. Zwiebeln abziehen und kleinschneiden. Rohen und gekochten Schinken würfeln. Die Wurst in feine Scheiben schneiden. Petersilie grob hacken.

2. Das Olivenöl in einer großen Eisenpfanne (Deckelpfanne) erhitzen. Zwiebeln darin bei mittlerer Hitze glasig dünsten. Petersilie, Pfeffer, Edelsüßpaprika und Cayennepfeffer unterrühren und kurz mitdünsten.

3. Muscheln, Schinken und Wurst zufügen. Deckel auflegen. Bei mittlerer Hitze 10 bis 15 Minuten garen, bis sich die Muscheln geöffnet haben. Sofort in der Pfanne servieren. Den Deckel erst bei Tisch abheben und Weißbrot oder Reis dazu reichen.

◆ Die Cataplana ist eine Spezialität der Algarve. Das Gericht hat seinen Namen von einer speziellen Eisenpfanne, die mit einem Deckel, Spangen und einem Scharnier fest zu verschließen ist. Die Muscheln gelingen jedoch auch in einer normalen Pfanne. Der Deckel muß nur sehr gut schließen, damit die Muscheln im Dampf garen, sozusagen im eigenen Saft. Erst am Tisch wird der Deckel gelüftet, damit der Duft nach Muscheln und Gewürzen voll zur Geltung kommt.

ESCABECHE

Marinierter Heilbutt

Für 6 Portionen

1 kg Heilbutt, küchenfertig
2 große Zwiebeln
4 Möhren
2 Knoblauchzehen
1 getrocknete Chilischote
150 ml natives Olivenöl
2 Lorbeerblätter
1/4 l Weißweinessig
Salz

1. Den Heilbutt in etwa 2 cm dicke Scheiben schneiden. Die Zwiebeln abziehen und in Ringe schneiden. Die Möhren schälen und grob raspeln. Knoblauch abziehen. Die Chilischote fein hacken.

2. Etwa 5 Eßlöffel Öl in einer großen Pfanne erhitzen und den Fisch hineingeben. Nur etwa 1 Minute von jeder Seite braten — nicht länger, sonst wird er trocken! Die Fischscheiben auf Küchenkrepp abtropfen lassen.

3. In einer zweiten Pfanne das restliche Öl erhitzen und die Zwiebelringe darin glasig dünsten. Möhren, Lorbeerblätter und Essig zufügen. Den Knoblauch darüberpressen, die Chilischote dazugeben. Etwas salzen und alles 5 Minuten schmoren lassen.

4. Das Gemüse lauwarm abkühlen lassen. Die Hälfte davon in eine weite, flache Schüssel geben. Den Fisch darauflegen und mit der restlichen Marinade bedecken.

5. Die Schüssel mit Folie abdekken und den Fisch 2 Tage im Kühlschrank durchziehen lassen. Zwischendurch einige Male umschichten. Dazu ißt man Brot.

Ein Rezept von Manuel Perdigho

◆ Statt Heilbutt können auch andere Fischsorten wie Sardinen oder Makrelen genommen werden, je nach Marktangebot. Nur zu mager sollte der Fisch nicht sein.

PARGO ASSADO NO FORNO

Gebackener Rotbarsch

Für 4 Portionen

800 g Rotbarschfilet
Salz, Pfeffer aus der Mühle
1 große Dose geschälte Tomaten
1 Knoblauchzehe
1 Zwiebel
3 EL Olivenöl
1 Lorbeerblatt, 50 ml Weißwein
2 EL Madeirawein
3 EL natives Olivenöl
1 Bund glatte Petersilie

1. Den Fisch gründlich abspülen, würfeln und mit Salz und Pfeffer würzen. Die Tomaten auf einem Sieb abtropfen lassen. Knoblauch und Zwiebel abziehen und feinhacken.

2. Das Olivenöl in einer Pfanne erhitzen und Zwiebeln und Knoblauch darin glasig dünsten. Grob zerkleinerte Tomaten und Lorbeer in der offenen Pfanne dicklich einkochen lassen und gelegentlich umrühren.

3. Mit Salz und Pfeffer herzhaft würzen, den Wein dazugeben und die Sauce wieder cremig einkochen lassen. In eine flache Auflaufform geben und die Fischstücke darauflegen. Alles mit Olivenöl beträufeln.

4. Die Form in den auf 200 Grad/Stufe 3 vorgeheizten Backofen schieben und den Fisch etwa 20 Minuten backen, bis er schön knusprig ist. Mit gehackter Petersilie bestreut servieren.

◆ Portugal ist ein Land mit extrem heißen Sommern, besonders im Landesinneren. Weil Fisch eine leicht verderbliche Ware ist, müssen die typischen Rezepte den Genuß mit dem Praktischen verbinden: In Essig eingelegter Fisch hält sich eben einige Tage auch bei warmen Wetter. Ein Rezept wie „Escabeche" hat aber natürlich auch hierzulande große Vorzüge, wenn Sie ein Essen rechtzeitig vorbereiten oder ein günstiges Angebot beim Fischhändler nutzen möchten.

SALMAO A MODA DO MINHO

Marinierter Lachs

Für 4 Portionen

500 g Lachsfilet
Salz
3 weiße junge Zwiebeln
100 ml Weinessig
4 Gewürznelken
10 Pfefferkörner
2 Lorbeerblätter
1 EL Zucker
4 EL natives Olivenöl extra
einige Oliven
4 Zitronenscheiben

1. Den Lachs in Portionsstücke schneiden, in eine Porzellanschüssel geben, leicht salzen und ½ Stunde ziehen lassen.

2. Die Zwiebeln abziehen und in Ringe schneiden. Mit 100 ml Wasser, Essig, Nelken, Pfeffer, Lorbeer und Zucker etwa 5 Minuten kochen. Heiß über den Fisch gießen und abkühlen lassen.

3. Das Öl darübergießen. Die Schüssel zugedeckt über Nacht kaltstellen.

4. Am nächsten Tag den Sud abgießen, aufkochen, wieder über den Fisch gießen und noch einmal über Nacht kaltstellen.

5. Den Fisch abgetropft mit den Zwiebeln, Oliven und Zitronenscheiben anrichten.

CARNE DE PORCO ASSADO

Schweinebraten aus dem Ofen

Für 6 – 8 Portionen

2 kg Schweinenacken mit Knochen
1/2 TL Salz
Cayennepfeffer
Paprikapulver edelsüß
2 Zwiebeln
1 Knoblauchzehe
2 Möhren
3 EL Olivenöl
1/4 l trockener Weißwein
1/4 l Fleischbrühe (Instant)
1 Lorbeerblatt
2 Tomaten, Pfeffer

1. Das Fleisch mit einem Gemisch aus Salz, Cayennepfeffer und Paprika einreiben. In einen Bräter legen.

2. Die Zwiebeln und die Knoblauchzehe abziehen. Die Zwiebel halbieren und in Streifen schneiden. Möhren schälen und grob raffeln. Den Backofen auf 170 Grad/Stufe 2 — 3 vorheizen.

3. Das Öl in einer Pfanne erhitzen. Zwiebeln, durchgepreßte Knoblauchzehe und die Möhren darin weichdünsten. Die Hälfte des Weins und der Brühe dazugießen und alles etwa 5 Minuten offen einkochen lassen. Mit dem Lorbeerblatt über das Fleisch in den Bräter geben.

4. Den Braten in den vorgeheizten Backofen schieben und 2 Stunden ohne Deckel braten. Die restliche Brühe mit dem Wein mischen und nach und nach zum Braten gießen.

5. Inzwischen die Tomaten überbrühen, abziehen und achteln. 30 Minuten vor Ende der Garzeit die Tomatenachtel zum Braten in die Form geben.

6. Den Braten herausnehmen, im Ganzen servieren oder in Scheiben schneiden. Den Schmorsud mit Pfeffer und Salz abschmekken und zusammen mit dem Fleisch anrichten.

Dazu ißt man Salzkartoffeln oder Brot und gemischten Salat.

FRANGO FERNANDA

Hühnchen nach Fernandas Art

Für 4 Portionen

1 große Poularde, etwa 1,5 kg
Salz, Pfeffer aus der Mühle
2 Zwiebeln
3 Tomaten
1 Knoblauchzehe
3 EL Olivenöl
1 Lorbeerblatt
1/4 l trockener Rotwein
1 Bund Petersilie

1. Poularde in sechs bis acht Teile zerlegen. Mit Salz und reichlich Pfeffer einreiben.

2. Zwiebeln abziehen und grob würfeln. Tomaten überbrühen, abziehen und vierteln. Knoblauchzehe abziehen.

3. Öl in einem Bratentopf erhitzen. Die Geflügelstücke darin bei mittlerer Hitze rundherum hellbraun anbraten. Herausnehmen. Zwiebeln, Tomaten und durchgepreßten Knoblauch kurz im Bratfett andünsten.

4. Poulardenstücke und Lorbeer darauflegen. Wein angießen und den Topf schließen. Bei kleiner Hitze 1 Stunde schmoren. Mit Salz und Pfeffer nachwürzen und mit der gehackten Petersilie bestreuen. Im Topf servieren.

◆ Servieren Sie als Beilage Weißbrot, eventuell in der Pfanne mit etwas Olivenöl und Knoblauch angeröstet. Schmorgerichte wie dieses Hähnchen sind im Norden Portugals sehr beliebt. In Restaurants stehen solche einfachen Köstlichkeiten seltener auf der Karte. Obwohl viele Kräuter wild wachsen, kommt wenig davon in den Kochtopf. Die ländliche portugiesische Küche ist in der Regel bodenständig und herzhaft. Seltsamerweise haben jedoch viele englische Rezepte Eingang in die bürgerliche Küche gefunden: Auch in feineren Restaurants wird oft mehr englisch als portugiesisch gekocht.

Ein Gericht, das wenig kostet und kaum Mühe macht, aber bei Gästen immer wieder großen Beifall findet: geschmortes Hühnchen mit Tomaten, Zwiebeln und trockenem Rotwein.

FRANGO COM PIMENTOS

Hühnerragout mit Paprika

Für 4 Portionen

1 Poularde, etwa 1,5 kg
3 Knoblauchzehen
500 g reife Tomaten
6 EL Olivenöl
je 1 grüne und rote Paprikaschote
50 ml trockener Weißwein
Salz, Pfeffer aus der Mühle
1 Prise Zucker
4 EL Zitronensaft
2 EL gehackte Petersilie

1. Die Poularde mit einem scharfen Messer oder einer Küchenschere zunächst in 4 Teile zerlegen, dabei das Rückgrat ausschneiden. Anschließend die Brust- und Flügelstücke nochmals zerteilen.

2. Die Knoblauchzehen abziehen und durch die Presse drücken. Die Hühnerteile mit einem Drittel der Knoblauchmasse einreiben.

3. Die Tomaten brühen, die Haut abziehen, das Fruchtfleisch entkernen und in kleine Stücke schneiden.

4. Das Olivenöl in einem Schmortopf erhitzen und die Hühnerteile rundherum goldbraun darin anbraten.

5. Die Paprikaschoten unter dem Grill des Backofens erhitzen, bis die Haut platzt und sich abziehen läßt (siehe Beschreibung auf Seite 72). Die Schoten entkernen und kleinschneiden.

6. Die Tomaten- und Paprikastückchen sowie das restliche Knoblauchpüree zu den Hühnerteilen geben, kurz mitschmoren und mit dem Wein aufgießen. Mit Salz, Pfeffer und einer Prise Zucker würzen.

7. Zugedeckt im Backofen bei 180 Grad/Stufe 3 etwa 50 Minuten schmoren lassen. Mit Zitronensaft beträufeln und ohne Deckel weitere 10 Minuten garen.

8. Die Hühnerteile auf einer vorgewärmten Platte anrichten. Den Schmorsud abschmecken und, wenn nötig, etwas einkochen lassen. Über das Geflügel verteilen und mit gehackter Petersilie bestreuen.

Dazu schmecken Salzkartoffeln, Reis oder kräftiges Bauernbrot.

BROA

Maisbrot

Für 1 Brot

1 Würfel frische Hefe (40 g)
½ TL Zucker
225 g feines Maismehl (Reformhaus)
1½ TL Salz
1 EL natives Olivenöl extra
250 g Weizenmehl
Fett für die Form

1. Hefe in eine kleine Schüssel bröckeln. Mit dem Zucker und 3 Eßlöffel lauwarmem Wasser verrühren. Bei Zimmertemperatur etwa 30 Minuten gehen lassen.

2. Maismehl und Salz in einer Schüssel mischen. ¼ l kochendheißes Wasser einrühren und die Mischung abkühlen lassen.

3. Die aufgegangene Hefe, das Öl und das Weizenmehl zum lauwarmen Maisbrei geben. Mit den Knethaken des Handrührers zu einem geschmeidigen Teig verarbeiten. Den Teig zugedeckt bei Zimmertemperatur gehen lassen, bis er sich etwa verdoppelt hat.

4. Eine Springform (24 cm Ø) mit Fett ausstreichen. Den Teig auf der bemehlten Arbeitsfläche mit den Händen etwa 5 Minuten gut durchkneten. Einen Fladen formen und in die Springform legen. Zugedeckt noch einmal 15 Minuten aufgehen lassen.

5. Das Brot in den vorgeheizten Backofen schieben und bei 175 Grad/Stufe 2 etwa 40 Minuten backen, bis das Brot goldbraun ist. Aus der Form stürzen und auf einem Gitter abkühlen lassen.

CALDO VERDE

Grüne Gemüsesuppe

Für 3–4 Portionen

250 g Mangold
500 g Kartoffeln
1 Gemüsezwiebel
4 EL Olivenöl
100 g Chorizo oder eine andere geräucherte Knoblauchwurst (z. B. Kabanossi)
Salz, Pfeffer aus der Mühle
4 EL natives Olivenöl extra

1. Den Mangold waschen und die Stiele herausschneiden. Die Stiele in grobe Stücke, die Blätter übereinandergelegt in schmale Streifen schneiden. Die Kartoffeln schälen und waschen. Die Zwiebel abziehen und grob würfeln.

2. Olivenöl in einem großen Suppentopf erhitzen und die Zwiebel darin weichdünsten. Die geviertelten Kartoffeln und die Mangoldstiele dazugeben. Kurz unter Wenden mitdünsten. 2 Liter Wasser angießen. Die Wurst ein paar Mal einstechen und dazugeben. Alles zugedeckt zum Kochen bringen und so lange köcheln, bis die Kartoffeln gar sind — etwa 15 Minuten.

3. Die Wurst herausnehmen. Die Suppe mit dem Mixstab pürieren.

4. Die Mangoldblätter dazugeben und die Suppe noch etwa 4 Minuten köcheln lassen.

5. Die Suppe mit Salz und Pfeffer abschmecken und das Olivenöl einrühren. Die Wurst in Scheiben schneiden.

6. Zum Servieren ein paar Wurstscheiben in die tiefen Suppenteller geben und die Suppe darüberfüllen.

Ein Rezept von Manuel Perdigho

◆ Die Caldo verde kommt in portugiesischen Familien häufig auf den Tisch. Man ißt ein Stück „Broa" dazu.

ARROZ DOLCE

Süßer Reis

Für 4 Portionen

3/8 l Milch
1 Vanilleschote
1 Stange Zimt
dünn abgeschälte Schale von
1/2 unbehandelten Zitrone
Salz
100 g Rundkornreis
3 Eigelb
80 g Zucker, Zimt

1. Die Milch mit Vanilleschote, Zimtstange, Zitronenschale und etwas Salz bei mittlerer Hitze langsam zum Kochen bringen. Nach dem Aufkochen vom Herd nehmen und zugedeckt 30 Minuten ziehen lassen, damit sich das Gewürzaroma voll entfalten.

2. Inzwischen 1 1/2 Liter Wasser mit etwas Salz zum Kochen bringen. Den Reis unter ständigem Rühren einrieseln lassen — dabei soll das Wasser weiterkochen. Dann auf kleinste Hitze zurückschalten und den Reis zugedeckt etwa 20 Minuten quellen lassen.

3. Den Reis zum Abtropfen auf ein Sieb gießen. Anschließend auf Küchenkrepp ausbreiten und abkühlen lassen.

4. Eigelb und Zucker mit den Schneebesen des Handrührgeräts so lange schlagen, bis eine blaßgelbe, schaumige Creme entstanden ist. Die heiße Milch durchsieben und unter ständigem Schlagen in kleinem Strahl in die Eicreme gießen.

5. Die Eiermilch zurück in den Topf geben und bei kleinster Hitze so lange rühren, bis die Creme leicht andickt und den Löffel überzieht. Auf keinen Fall kochen lassen, sonst gerinnt die Creme.

6. Nun den Reis nach und nach darunterrühren.

7. Den Reis auf 4 tiefe Teller verteilen und auf Zimmertemperatur abkühlen lassen. Zum Servieren hauchdünn mit Zimt bestreuen.

BOLO DE CANELA

Zimtkuchen

Für 24 Scheiben

4 Eier
1 Tasse Zucker
1 Tasse Olivenöl
1 Tasse Milch
1 TL Zimt
3 Tassen Weizenmehl
1 Tasse gemahlene Mandeln (ungeschält)
1 TL Backpulver

1. Den Backofen auf 180 Grad/ Stufe 2 – 3 vorheizen.

2. Die Eier und den Zucker mit den Schneebesen des Handrührers schaumig rühren. Anschließend das Olivenöl in kleinem Strahl darunterrühren; danach die Milch und den Zimt untermischen.

3. Mehl, Mandeln und Backpulver mischen und vorsichtig darunterrühren, so daß ein glatter Teig entsteht.

Wo Butter knapp und teuer ist, kommt Olivenöl in den Kuchen und hält ihn lange frisch. Nach alter Art werden die Zutaten für den Zimtkuchen nicht abgewogen, sondern mit einer Tasse abgemessen.

4. Den Teig in eine gefettete Springform (Ø 24 cm) füllen. Auf der zweiten Schiene von unten in den vorgeheizten Backofen schieben. 45 bis 60 Minuten backen.

◆ Der würzige Kuchen schmeckt den Portugiesen schon zum Frühstücks-Kaffee. Er hält sich übrigens in Alufolie oder in einer Blechdose gut ein bis zwei Wochen frisch.

Michel Georges
"Le Relais de France"
Hamburg

Martin Klieber
"Bistro Cassolette"
Ottobrunn

Jochen Kuchenbecker
"Le Provencal"
Hamburg

RESTAURANTS IN DEUTSCHLAND

DIE KÖCHE DES SÜDENS

Hol' Dir die Sonne auf den Tisch — das ist leicht gesagt an trüben Novembertagen oder wenn der Sommer mal wieder nur ein „grün angestrichener Winter" (Heine) ist. Es gibt aber eine unfehlbare Methode, mit der man sich sofort in Urlaubsstimmung versetzen kann: Man lädt ein paar Freunde zum Essen ein, greift sich dies Buch und macht einen „Mittelmeer-Abend". Oder man geht aus, zum Beispiel in eines der Restaurants unserer Köche und läßt sich kräftig verwöhnen. Eins davon hilft garantiert und vertreibt Frost und Frust aus wintermüden Knochen.

Die Küche der Provence ist viermal vertreten: **Michel Georges** ist Inhaber und Küchenchef vom „Le Relais de France" in Hamburg (Poppenbütteler Chaussee 3, 2000 Hamburg 65, Tel.: 0 40/6 07 07 50). Von ihm stammt das Rezept für „Ratatouille". In Ottobrunn bei München führt **Martin Klieber** das „Cassolette" (Nauplier Allee 6, 8012 Ottobrunn, Tel.: 0 89/6 09 86 83). Er

Paul Urchs
"Bistro Terrine"
München

Despina Panagiotidis
"Saki"
Hamburg

kochte für uns „Tian des pommes de terre à la provencale". **Jochen Kuchenbecker** betreibt das „Le provencal in Hamburg (Lattenkamp 8, 2000 Hamburg 60, Tel. 0 40/51 38 28) und steuerte das Rezept für „Salade Niçoise" bei. Im „Bistro Terrine" in München (Amalienstr. 89, 8000 München 40, Tel.: 0 89/28 17 80) kocht **Paul Urchs,** der für uns „Gemüsesuppe mit Pistou" zubereitete.

Despina Panagiotidis vertritt hier die griechische Küche. Sie steht am Herd bei ihrem Sohn im Restaurant „Saki" in Hamburg (Eppendorfer Weg 210, 2000 Hamburg 20, Tel.: 0 40/4 20 25 99). Und sie lieferte die Rezepte für „Arni Souvlakia", „Lahana Sarmades" und „Moussaka".

Spanien darf natürlich nicht fehlen. Hier kocht **Manuel Ceballos** den berühmten „Gazpacho andaluz", eine wunderbare Erfrischung an heißen Sommertagen. Wenn Sie bei ihm essen wollen, müssen Sie die „Taverna Espãnola" in München besuchen (Wörthstr. 10, 8000 München 80, Tel. 0 89/4 48 75 03). „Huevos à la flamenca" macht **Juanito del Rio** vom Restaurant „O Meson" in Hannover (Hildesheimer Str. 7, 3000 Hannover, Tel.: 05 11/28 25 70). Den Küchenklassiker „Paella" bereitet **Dario Garcia** vom Hamburger Restaurant „Marbella" (Dorotheenstr. 4, 2000 Hamburg 60, Tel.: 0 40/27 57 27), und eine raffinierte Version vom spanischen Omelett zaubert **Claus Janz** vom Restaurant „La Gamba" in Hannover (Goetheplatz 4, 3000 Hannover, Tel. 05 11/ 32 31 39): „Pastel de Tortillas". München ist noch einmal vertreten mit dem Restaurant „Granada", dessen Chef **Jesus Jara** das Rezept für „Pollo al ajillo" geliefert hat (Schlörstr. 1, 8000 München 19, Tel.: 0 89/ 16 93 24). Ebenfalls in München kocht **Louis Arjona Ruiz** vom Restaurant „El Cid" (Belgradstr. 45, 8000 München 40, Tel.: 0 89/ 3 00 32 68). Er serviert zwei klassische spanische

(Foto links)
Juanito del Rio
"O Meson"
Hannover

(Foto rechts)
Dario Garcia
„Marbella"
Hamburg

Claus Janz
"La Gamba"
Hannover

Jesus Jara
"Granada"
München

Manuel Ceballos
"Taverne Espanola"
München

Luis Arjona Ruiz
"El Cid"
München

Claudio Berlese
"Alla Scala"
Kiel

DIE KÖCHE DES SÜDENS

Saucen, nämlich „ali-oli" und „Romescu" zu einer „Dorade in der Salzkruste", einer Spezialität seiner südspanischen Heimat.

Und dann natürlich Italien! Das Land mit der vielleicht vielseitigsten Küche am Mittelmeer. Auch in Deutschland wächst die Zahl und Beliebtheit der Italiener, und sogar gefürchtete Restaurantkritiker brechen immer häufiger in verzückte Lobeshymnen aus, wenn sie „vom Italiener" kommen. In Kiel lebt **Claudio Berlese** und liefert das Rezept seiner Mutter: „Vitello tonnato". Sein Restaurant heißt „Alla Scala" (Königsweg 46, 2300 Kiel 1, Tel.: 04 31/67 68 67). Und in Frankfurt betreibt **Claudio Bertozzi** sein Restaurant mit Delikatessengeschäft „Da Claudio", (Zum Jungen Str. 10, 6000 Frankfurt/M., Tel.: 0 69/56 54 71). Er kocht eine raffinierte Variante von Kaninchen: „Coniglio in Porchetta". **Ireneo de Val** steht im Münchener Restaurant „Toulá" am Herd (Sparkassenstr. 5, 8000 München 2, Tel. 0 89/29 28 69). Von ihm stammt das Rezept für die „Crostini". Im Badnerland, in Sulzburg, kocht **Antonio Espositio** in seinem Restaurant „La Vigna" (Weinstr. 7, 7811 Sulzburg, Tel.: 0 76 34/80 14). Als Süditaliener kocht er natürlich Spaghetti, in diesem Buch mit zwei Saucen: „aglio olio" und „pomodoro". Ebenfalls verschiedene Saucen „Pesto", „Salsa Genovese" und

Claudio Bertozzi
"Da Claudio"
Frankfurt

Ireneo de Val
"Toulá"
München

Antonio Esposito
"La Vigna"
Sulzburg

„Salsa al Pistacchio", die zu Teigwaren, gekochtem Fleisch und Fisch gereicht werden, stellt **Antonio Milano** vom Hamburger „Il Gabbiano" vor (Eppendorfer Landstr. 145, 2000 Hamburg 20, Tel.: 0 40/ 4 80 21 59).

In einem solchen Kochbuch darf natürlich die Pizza nicht fehlen, jener vielgeschundene Teigfladen, der für viele der Inbegriff der italienischen Küche ist. **Gabriele Mongia** ist hier unser Pizza-Bäcker. Er kommt von der „Martini-Pizzeria" in Hamburg (Martinistr. 7, 2000 Hamburg 20, Tel.: 0 40/47 67 31). Eine Meisterschülerin des italienischen Starkochs Gualtiero Marchesi stellt ein Gericht ihrer sizilianischen Heimat vor: „Pasta con le sarde". **Anna Sgroi** heißt die junge Frau, die mit ihrem Partner Sebastiano Taeggi in Hamburg das Restaurant „Anna e Sebastiano" betreibt (Lehmweg 30, 2000 Hamburg 20, Tel.: 0 40/ 4 22 25 95). Und in Mannheim steht ein Deutscher am Herd, **Wolfgang Staudenmaier,** vom Michelin sogar mit zwei Sternen ausgezeichnet (R 7, 34, 6800 Mannheim, Tel.: 06 21/2 03 26). Er stellt die piemontische „Bagna Cauda" vor.

Streng genommen gehört Portugal natürlich nicht ans Mittelmeer, aber als Teil der iberischen Halbinsel zählt es zum mediterranen Zivilisationsraum. In Hamburg gibt's eine große Auswahl portugiesischer Restaurants, und so wird Portugal vom Restaurant „La Sepia" vertreten (Schulterblatt 36, 2000 Hamburg 6, Tel.: 0 40/43 24 84). **Manuel Perdigho** machte die Rezepte für „Caldo verde" und „Escabeche".

Sie werden sehen, ein solcher Mittelmeerabend bringt Sie aus dem Alltagstrott. Der Besuch in einem südlichen Restaurant kann ein Kurzurlaub um die Ecke sein. Und dann werden Sie feststellen: Die Aufforderung „Hol' Dir die Sonne auf den Tisch" ist gar nicht so kühn, wie sie klingt.

Antonio Milano
"Il Gabbiamo"
Hamburg

Anna Sgroi
"Anna e Sebastiano"
Hamburg

Gabriele Mongia
"Martini Pizzeria"
Hamburg

Wolfgang Staudenmaier
"Da Gianni"
Mannheim

Manuel Perdigho
"La Sepia"
Hamburg

»Alles spricht

So natürlich wird Olivenöl gewonnen

Noch heute wird Olivenöl nach demselben Prinzip gewonnen wie vor über 1000 Jahren. Die Oliven werden von den Ästen geschüttelt oder geschlagen und in Fangnetzen gesammelt, oder aber ganz von Hand gelesen. Nach dem Zermahlen der Früchte wird aus dem Olivenbrei praktisch in einer einzigen, kalten Pressung das Olivenöl gewonnen. Nach der Pressung wird das noch enthaltene Wasser in Zentrifugen vom Olivenöl getrennt. Diese einzige Pressung ergibt Olivenöl, das je nach Klima, Anbaugebiet, Lage, Art der Frucht und Reifegrad ähnlich wie beim Wein unterschiedliche Geschmacksrichtungen und Qualitäten erreichen kann.

Die Sorte „Olivenöl“ stammt ebenfalls aus dieser ersten kalten Pressung. Das Öl wurde lediglich raffiniert, weil Geschmack, Farbe oder Säuregrad nicht einwandfrei waren. Aus geschmacklichen Gründen wird es mit einem bestimmten Anteil an nativen Olivenölen vermischt. Jede Mischung hat ihren eigenen Charakter. So gibt es zum Beispiel „Olivenöl“ in fruchtigen aber auch in milden Geschmacksrichtungen.

In manchen Lebensmittelläden wird eine weitere Qualitätsstufe gehandelt, die aus dem Restöl des bereits ausgepreßten Olivenbreis gewonnen wird. Diese Qualität muß eindeutig als „Oliventresteröl“ gekennzeichnet sein.

Die wichtigsten Olivenöl-Qualitäten und wie sie sich unterscheiden:

Natives Olivenöl extra

Natives Olivenöl von einwandfreiem Geschmack, dessen Gehalt an freien Fettsäuren, berechnet als Ölsäure, höchstens 1 g je 100 g beträgt.

Natives Olivenöl

Natives Olivenöl von einwandfreiem Geschmack, dessen Gehalt an freien Fettsäuren, berechnet als Ölsäure, höchstens 2 g je 100 g beträgt.

Olivenöl

Verschnitt von raffiniertem Olivenöl und nativen Olivenölen, ausgenommen Lampantöl, dessen Gehalt an freien Fettsäuren, berechnet als Ölsäure, höchstens 1,5 g je 100 g beträgt.

für Oliven Öl.«

Über die Reinheit von Olivenöl

Der Ursprung des Olivenöls und sein natürliches Herstellverfahren zeigen, daß weder für den Geschmack noch aus irgendwelchen anderen Gründen Zusatzstoffe nötig sind.

Auch die natürliche Farbe des Öls, ob dunkelgrün, goldgelb oder zartgelb, verrät etwas über den naturreinen Charakter. Und der Duft erinnert an sonnige, südliche Natur und an die vorzügliche Küche des Mittelmeers. Übrigens: Wenn Olivenöl intensiv duftet, schmeckt es auch intensiv. Aber ein Öl, das mild riecht, kann trotzdem einen kräftigen Geschmack haben.

Die Gesundheit ist auf den Geschmack gekommen

Olivenöl schmeckt einfach herrlich. Denn nur bei Olivenöl können Sie eine Vielzahl von Geschmacksvarianten erleben, von „kräftig-fruchtig" bis „mild".
Olivenöl ist aber auch ein durch und durch gesundes Fett. Schon für unsere Vorfahren war es Genußmittel, Heilmittel und Stärkungsmittel zugleich. Es besitzt viele hochwertige und lebensnotwendige Mineralstoffe und Spurenelemente sowie einen ausgewogenen Anteil an dem sehr wirksamen Vitamin E.

Darüberhinaus enthält Olivenöl eine große Menge (bis zu 80%) einfach ungesättigte Fettsäuren. Für das Gleichgewicht des Cholesterinspiegels, der sich durch den Abbau des „schädlichen" LDL-Cholesterin und dem Erhalt des „guten" HDL-Cholesterin ergibt, ist es nach den aktuellen Ernährungsempfehlungen sinnvoll, mindestens 1/3 der besonders zahlreich in Olivenöl befindlichen einfach ungesättigten Fettsäuren in den Speiseplan aufzunehmen. Die olivenölreiche Mittelmeerkost ist dafür ein gutes Beispiel.

Olivenöl aus der Europäischen Gemeinschaft.

Weitere Informationen erteilt die
„Informationsgemeinschaft Olivenöl",
D-8000 München 2, Trappentreustr. 1.

"SEHEN SIE SICH DIE BÜCHER VON
DAS IST SICHER
WAS IN DEN LETZTEN JAHRE

Als "das Buch mit dem Löffel" hat dieser Küchen-Bestseller weltweit einen geradezu legendären Ruf erlangt. Übersetzt in neun Sprachen, begeistert "KOCHEN — Die neue große Schule" inzwischen Genießer in 16 Ländern: Anfänger wie Fortgeschrittene, Hausfrauen wie Hobbyköche, Gourmets und Gastrokritiker. KOCHEN ist ein märchenhaft schönes Bilderbuch, das die kreative Lust am Kochen weckt, zugleich aber jeden Handgriff präzis beschreibt.
KOCHEN — Die neue große Schule
16 Kapitel, 288 Seiten, 1000 Farbfotos
2000 Rezeptideen
Großformat 23 x 30 cm

"BACKEN — Die neue große Schule" — ein Muß für alle Backfreunde. Konzipiert nach dem gleichen erfolgreichen, preisgekrönten und leicht verständlichen Stufensystem wie das „Kochbuch mit dem Löffel". Dieses einmalige Backbuch verführt zu den kleinen süßen „Sünden" ebenso, wie es beweist, daß Backen auch gesund und natürlich sein kann. BACKEN bringt alles über Torten, Kuchen, Gebäck, Cremes, Pralinen, Pizzas und Brote. BACKEN macht Backen leicht!
BACKEN — Die neue große Schule
16 Kapitel, 288 Seiten, 1000 Farbfotos
2000 Backideen
Großformat 23 x 30 cm

ERLAG ZABERT SANDMANN AN: H DAS BESTE, ERAUSGEGEBEN WURDE.“

(Paul Bocuse)

Der Autor und Filmemacher Christian Rischert eröffnet faszinierende Einblicke in die Geschichte und die Entwicklung des Weinmachens in den großen Anbaugebieten Europas: Burgund, Bordeaux, Toscana, Friaul, Piemont, Südtirol, Baden, Mosel, Wachau, Rioja, Penédes, Jerez. Der Leser erfährt in hervorragend recherchierten Reportagen und lebendigen, unterhaltsamen Beschreibungen alles Wissenswerte über den Wein und seine Macher, für die ihr Beruf eine Form der Lebensverwirklichung ist. Kurz: Ein Weinbuch, wie es noch keines gab.

Die Weinmacher
256 Seiten, 500 Farbfotos, 14 Karten
Format 21 x 30 cm

Mehr als 250 Rezepte einer der beliebtesten deutschen Regionalküchen hat Alfons Schuhbeck, Urbayer und „Koch des Jahres 1989“, zu einem neuen bayerischen Kochbuch zusammengestellt. Dabei ist Schuhbecks bayerisches Kochbuch weit mehr als eine Rezeptsammlung. Er besinnt sich nicht nur bei den Zutaten, sondern auch bei der Zubereitung alter Traditionen. Er beschreibt seine Arbeitstechniken, verrät Kniffe und Küchengeheimnisse von früher. So bekommen seine Gerichte einen ganz unverwechselbaren Geschmack, sind leicht nachzukochen und gelingen stets.

Das neue bayrische Kochbuch
256 Seiten mit über 150 Farbfotos
Format 21 x 28,5 cm

Bildnachweis

Seite 4 — 5: Silvestris-Fotoservice (1), NDF;
Seite 6 — 7: Bilderberg
Seite 8 — 9: Silvestris-Fotoservice (7);
Seite 12 — 13: Syntax (2);
Seite 22 — 23: Transglobe, L. Brun;
Seite 24 — 25: Silvestris-Fotoservice, Stadler (8), Wörle (1);
Seite 40 — 41: Bilderberg (1); Hans Madej;
Seite 42 — 43: Bilderberg (6); Silvestris (2);
Seite 66 — 67: Spanish Connection (White Star)
Seite 68 — 69: Silvestris-Fotoservice (2)
Seite 86 — 87: Spanish Connection (White Star, 1);
Seite 88 — 89: Spanish Connection (4); Transglobe Agency (2); Visum (2);
Seite 104 — 105: Spanish Connection (White Star)
Seite 106 — 107: Bilderberg (6); Transglobe Agency (1);
Seite 118 — 121: NDF